コンサートの席でつまんだ卵たっぷりのキンパ
どれも忘れられない味です。

時に最初はつかみきれなかった味がふっとわかるようになったとき、
自分が少しだけこの国に近づけたようで、とてもうれしかったです。
数日お休みがあればソウルへ行く生活を続け、
途中ぽっかりと空いてしまったコロナ禍の数年は、
おいしかった味を思い出しながら、家でたくさんの韓国料理を作りました。

この本はそんな、普段から親しまれている食堂のごはんや昔ながら [illegible] に、
カフェや食材のお店まで、私が通い続けてきたお店を紹介していま [illegible]
移り変わりが早いソウルの街で長く愛され、そしてこれからも続く [illegible] ちです。
看板メニューではない料理に惹かれたり、偶然出会ったおいしいもの [illegible]
何より主役は、お店を作る人たちです。
みなさんが聞かせてくれたお話は、同じようにお店を営む私の心に [illegible] ました。
これからソウルを旅する方に、韓国の食に興味がある方たちにも届 [illegible] ています。

いつも連れ出してくれるソウルの友人たちと、
この本をともに作ってくれたスタッフのみなさんに、心からの感謝を込めて。
夜明けのホテルから眺めた、ソウルの山々を思い出しながら。

な か し ま し ほ

# 目次

ブックデザイン 藤田康平（Barber）
撮影 衛藤キヨコ
なかしましほ（P60、98、122、144、155）
地図制作 斉藤義弘（周地社）
DTP エストール
校正 文字工房燦光
編集 omo!（後藤涼子、土田理奈）
編集協力 イ・シホ
キム・ヘジュ
企画・編集 原田裕子

Thanks to
きむ・すひゃんさん
池多亜沙子さん
カン・イェリムさん
キム・ソリさん
チェ・ソニョンさん
韓麻木さん
丹野幸子さん
櫻井めぐみさん
&韓国と日本の友人たち

# 本 書 の 使 い 方

## 店データの見方

地 ソウル広域図（P156－157）上の位置を示しています

住 所在地住所

電 電話番号

営 営業時間
開店から閉店までの時間（LOはラストオーダーの時間）

休 定休日
※無休と記載があっても、祝日、旧正月、秋夕、年末年始などは
休みになる場合がありますので、事前にご確認ください

交 公共交通機関の最寄り駅と出口、
そこからの移動手段と移動時間のめやす

店のInstagramの公式アカウント

## 二次元コードについて

○店の地図をグーグルマップで表示できます。スマートフォンのコードリーダーなどで読み取ると、グーグルマップのアプリが立ち上がり、場所が表示されます。
○表示されるお店の場所、店名は、2024年3月現在のものです。予告なく変更される場合があります。あらかじめご了承ください。
○グーグルマップのアプリに変更があった場合、マップが使用できなくなる可能性があります。あらかじめご了承ください。

※本書に掲載している情報は2024年3月現在のものです。店名、営業時間、定休日、価格等は変わることがあります。
※本書で紹介しているメニューは変更、終了する場合があります。紹介している商品については、売り切れ、終売の場合があります。
※本書内の価格に付いている「W」はウォン（大韓民国ウォン）です。レートは1000ウォン＝113.13円です（2024年３月25日現在）。

# 1 章
# ごはん

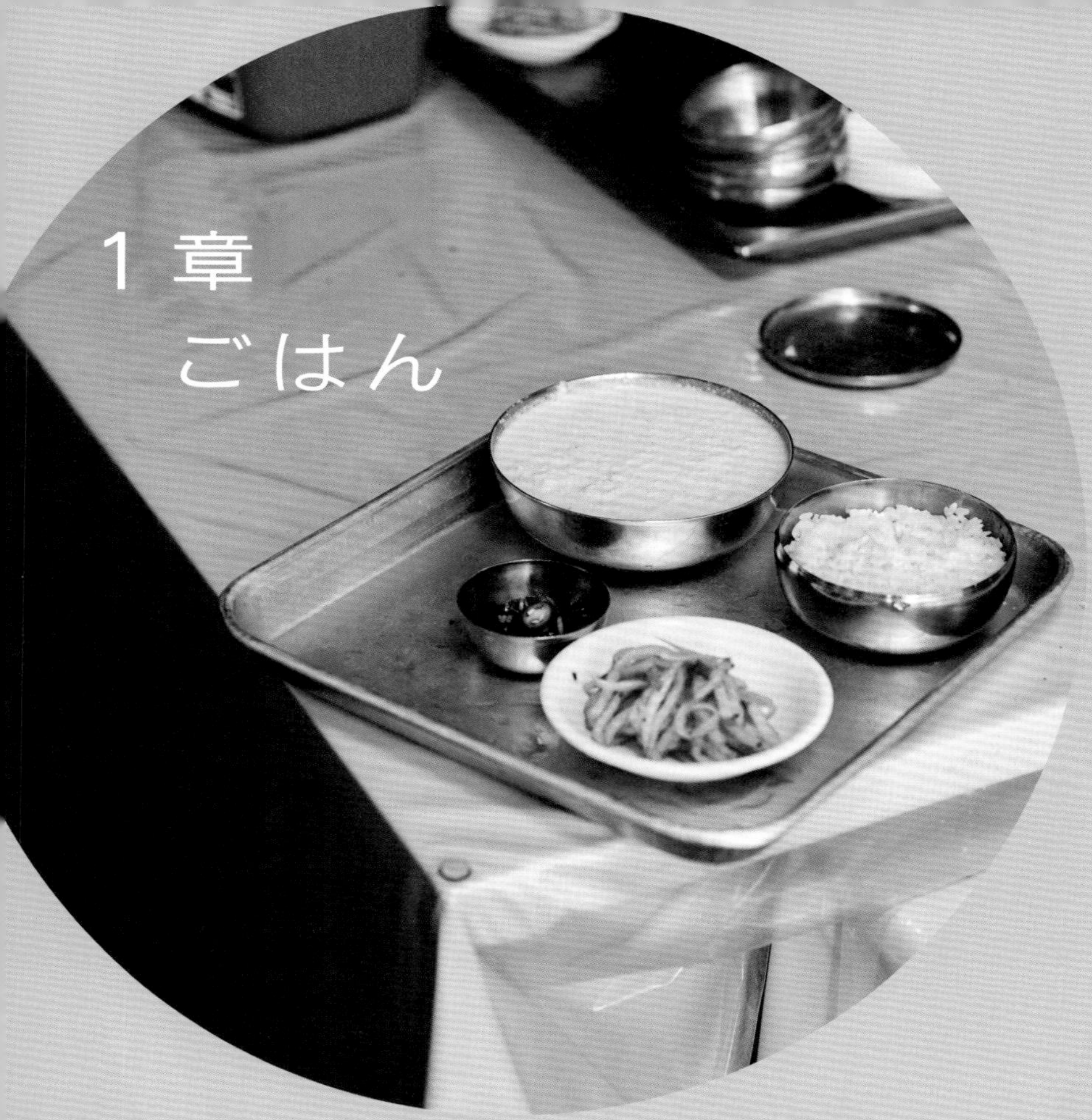

さっと食べられて、お腹にもちょうどよくて、次のおやつのことも考えられるような。
そんなふうに楽しめる、気楽なごはんや麺のお店がソウルにはたくさん。
野菜や山菜もたっぷりです。
大切な人を連れていきたい、特別なお店も。
いろんな楽しみ方ができるソウルのごはんを紹介します。

코비지

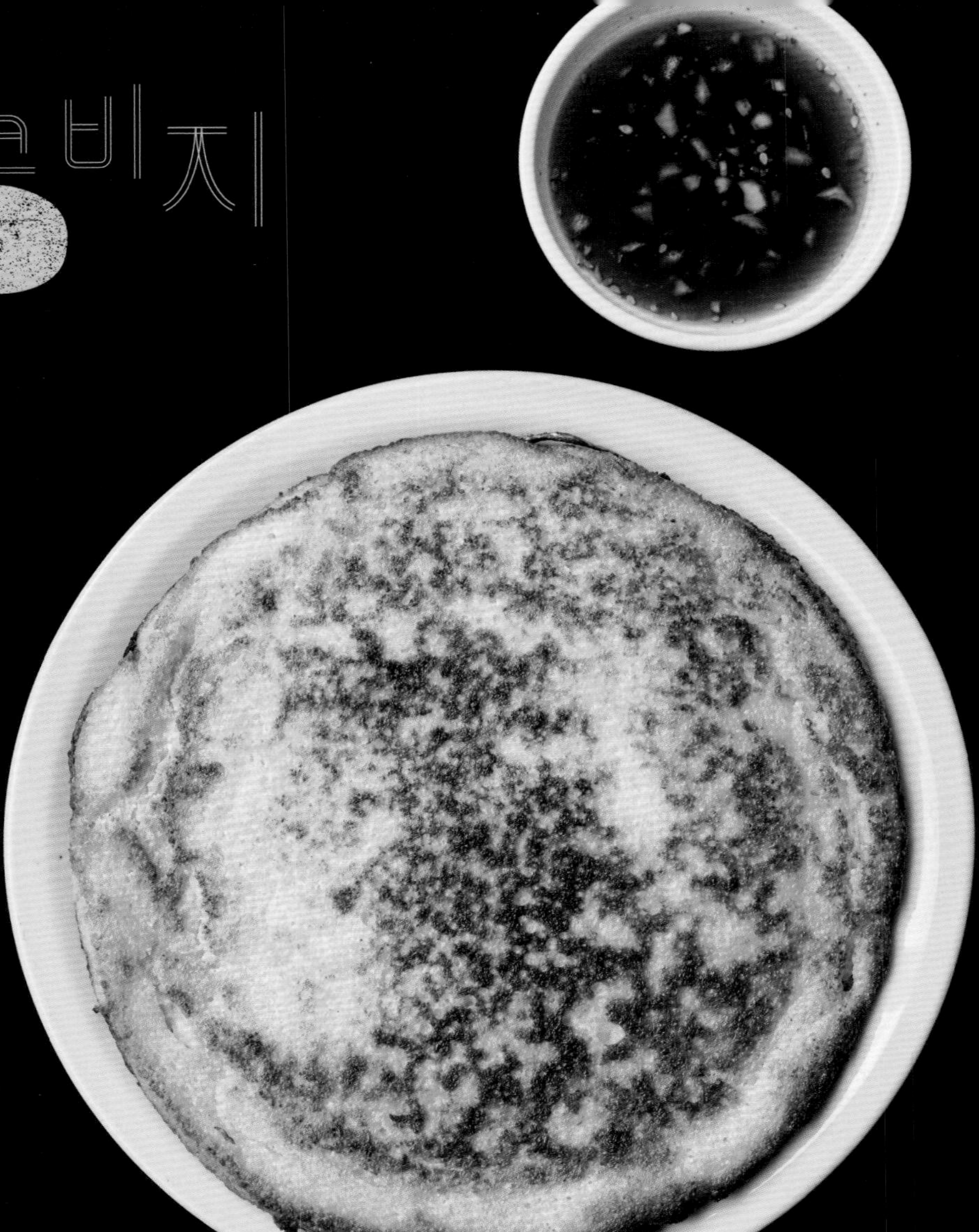

# おからのチヂミとチゲ

アンドク / 안덕

右／おからのチヂミ（大豆のチヂミ）、コンジョンW1万8000。しっとりサクサクな食感の秘訣は適度な火加減と、大豆で作る生地のつなぎに穀物（何を使っているかは秘密）をすりつぶして加えること。独特の甘みは砂糖などを加えているわけではなく素材本来の味。時々感じられるもやしの歯応えも楽しい　左／ビジW1万4000（10〜3月限定メニュー）。ごはんの上にかけ、醤油タレをたらして味わう。「大切なのはよい豆を使うこと」とシェフ。大豆は慶尚道から仕入れている

# 콩전과

## まんまるの満月のような
## おからのチヂミが絶品

朝鮮王朝の王宮・景福宮《キョンボックン》の西側に広がる西村《ソチョン》。友人の店や通《トン》仁《イン》市場という小さな市場もあり、毎回必ず訪ねる大好きなエリアです。このあたりは周りにおいしいお店がたくさんあって、「アンドク」もそのうちの一つ。オーナーシェフのコ・チャンヒョクさんはおばあさんが平壌の出身で、幼い頃から食べて育ってきたおばあさんの料理をベースに、独自のアレンジを加えた以《イ》北《プク》（北朝鮮）式のお料理を提供しています。

最初にお店を訪れたのは「平壌冷麺のおいしい店を知りたい」が渡韓の目的になっていた頃のこと（実は今も正解はわからなくて。だからこそまた通うのですが）。会う人ごとにおすすめを尋ねていたら「ここも人気ですよ！」と韓国の友人が案内してくれました。こちらの冷麺は4〜9月限定のメニュー。すっきりときれいな味でとてもおいしかったのですが、この時それ以上に心を射抜かれたのがおからのチヂミ（大豆のチヂミ）、コンジョンでした。

まんまるの満月のように大きくて、表面はサクッと、カリッと、中はしっとりとろり。そのコントラストがたまりません。案内してくれた友人はプロの料理人なのですが、彼女もあまりのおいしさにびっくりしていました。タレをつけて食べますが、少し冷めてくると大豆の甘みをどんどん感じられるようになり、今度はタレなしでずっと食べていたくなる味に。まずは熱々を、そして冷めてからの甘みもぜひ楽しんでみてください。

青唐辛子の肉詰めの天ぷら、コチュティギムW1万9000。まるできゅうりのように大ぶりの唐辛子は辛さがほとんどなく、食べやすいやさしい味

ごろっと大きな骨つきの豚肉が入ったビジも大好き。ビジ（ビジチゲ）は日本語で「おからのチゲ」とも訳されますが、「アンドク」のビジは背骨付きの豚肉や野菜を煮出したスープにすりつぶした大豆を合わせ煮込んでいます。幼い頃におばあさんが作ってくれたものをモダンにアレンジしたそうで「伝統的な作り方は石臼で豆をひきますが、それではおかゆのようにドロドロになってしまう。そのため僕はあえてミキサーを使いつつも、風味と旨みを損なわないよう心がけています」と、チャンヒョクさん。チヂミ同様、お塩以外の調味料は一切加えず、どこまでもやさしい味。なかなか食べる機会がない北朝鮮のお料理を、シェフを通してとびきりおいしい形で知ることができてうれしいです。

## アンドク

안덕／アンドッ

地 P.157 C-1
住 鍾路区紫霞門路17キル18 1F／종로구 자하문로17길 18 1층
電 0507-1443-1523
営 11:30〜15:00(LO14:30)、18:00〜21:00(LO20:30)
※売り切れ次第終了
休 月・火曜
交 地下鉄3号線景福宮駅2番出口から徒歩10分

クラシックがかかる店内は清潔で厨房もぴかぴか。余計なものが一切なく、働くみなさんの動きにもむだがない。お店の空気に適度な緊張感があり、お料理にまっすぐ向き合える

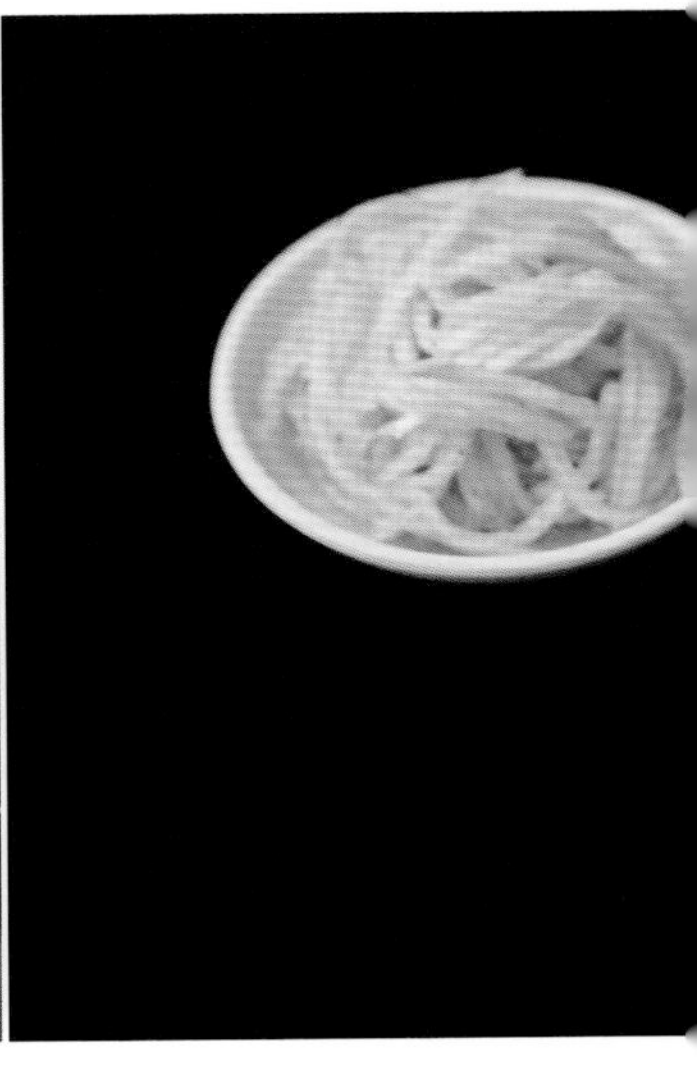

韓国料理が並ぶなか、箸休めのマカロニサラダの存在に和む。韓国の甘めのマヨネーズはだんだんクセになる味。左は大根の和え物、ムセンチェ

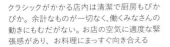

김밥과 온국수

# キンパと温グクス

イェッチッククス / 옛집국수

## 家族に作るような お母さんのやさしい味

韓国料理のお店を巡りながら、気づいたことがあります。それは、私は「ゆっくり伝わる味が好き」ということ。わかりやすい強い味ではなく、何度も通って知っていきたい。開業から40年以上続く「イェッチッククス」のキンパ（海苔巻き）と温グクス（にゅうめん）も、そんなやさしい味です。

店主のキム・ジンスクさんがその場で巻いてくれるキンパは、具材たっぷり系じゃない、昔ながらのとてもシンプルなもの。中にはニラが入った卵焼き、たくあん、ごぼう、生のにんじん。巻きたてなので口に入れるとごはんがふんわりとほどけます。キンパと一緒に頼みたい温グクスは、ふわふわのお揚げと長ネ

チャンチグクスとも呼ばれる韓国のにゅうめん、温グクスW6000。毎日たくさんの出汁を使うので、営業を終えたあとに深夜まで準備し、また翌朝6時から営業を始めるのだそう

ギがたっぷり。スープは全羅南道・麗水《ヨス》産の煮干し、昆布、ネギの根で出汁を取っていて、じんわりと体に染み込んでいきます。どちらも余分なものが入っていないから、最初は少しあっさり感じたとしても、みんな2度、3度と食べに来るのだそう。「どの料理も、家族に食べさせているような気持ちで作っているんです。だから母親が作る料理だと思って食べてほしいですね」とジンスクさんは話します。これは創業者であるジンスクさんのお母さんから受け継いでいることです。夫を早くに亡くし、3男1女を育てるため'81年に「イェッチックス」を開店したお母さん。'23年1月に他界されましたが、いつもお客さんに対して家族のように温かく接していたといいます。食い逃げをしようと走り出した人に「そ

美しく完璧なキンパW3000。具材は4つ、ごはんの味付けは塩とごま油で。店頭で巻いているジンスクさんの後ろのボードには、日時と本数（100本！）の予約メモがいくつも書かれていた

のまま行きな、走らずに。転んだら怪我するよ」と声を掛けたというエピソードも。お母さんの代から通っている常連客も多く、親と一緒に来ていた小さな子が家庭を持ち、また自分の子どもを連れてやって来ます。「常連の方は、私よりもこの店の味を知っているんですよ」と笑うジンスクさん。次の瞬間、どこか寂しさを感じさせる表情でこうつぶやきました。「母がいなくなったばかりで、まだ自分の店とは思っていません。ここは母の店、私は手伝っているだけ。ぽっかり空いた穴はなかなか埋められないけれど、今は頑張っているところです」。その言葉を聞いて思わず泣いてしまった私。驚いたように笑いながら私の手を取るジンスクさんの目にも、涙が浮かんでいました。

　お店に流れている空気、料理、

右／5〜10月限定のコングクス（豆乳の冷たい麺）もファンが多い。スープは大豆と一緒に少しのごまをすりつぶしている　右中央／キンパの具になるのを待っているニラ入りの卵焼き　下／ジンスクさんと。2人とも泣いたあとなので目が赤い。後日、ジンスクさんが「何かと対立する世の中で、ただみんなが笑いながら温かいごはんをいっぱい食べられる空間にしたい」と語る韓国の記事を読んで、また涙が出てしまった

ジンスクさんとスタッフのみなさんのたたずまい。このお店の魅力を一言で表すのは難しいかもしれません。だからぜひ、お店を訪れてみてください。特別じゃないことが何より特別だということが、やさしい味のようにゆっくりと伝わってくるはずです。

## イェッチッククス

옛집국수／イェッチッククス

地 P.157 C-2
住 龍山区漢江大路62キル26／용산구 한강대로62길 26
電 02-794-8364
営 6:00〜20:00
休 土曜
交 地下鉄4・6号線三角地駅2番出口から徒歩1分

コンビジ定食W1万1000。半分ほど食べたら、ごはんにコンビジをまぜてリゾットのように。さらにムセンチェをのせてビビンパにしたり、残ったごはんに醤油ダレをかけると4度おいしい

콩비지

# おからのチゲ

江山屋 / 강산옥

## "好き"が詰まった韓国を感じる場所

清渓川《チョンゲチョン》を挟んだ、広蔵市場《クァンジャン》の向かい側。よく探さないと入口を見失ってしまいそうな、昔ながらの問屋さんの間にある古い階段を上った先に「江山屋《カンサノッ》」はあります。メニューは6〜8月の夏季はコングクス（豆乳の冷たい麺）、それ以外はコンビジ（おからのチゲ）の定食のみ。その潔さに惹かれます。

そもそも「おからのチゲって何？」と思う方も多いかもしれません。コンビジやコンビジチゲ、あるいはビジチゲと呼び、豚の背骨から煮出したスープにおからを合わせたもの。60年以上前に開業した「江山屋」は、平壌出身の初代から三代受け継ぐ以北（北朝鮮）式で、煮た大豆をすりつぶし、おからと豆乳を分けずにそのまま煮込んでいます。だから栄養もたっぷり。

「うちは練炭の弱い火でじっくり火を通しているからおいしいんです」と店主のイ・テリムさん。営業中ずっと大釜で熱しているから、時間が経つとおからの状態が変わります。本来の味を楽しむなら開店してすぐの時

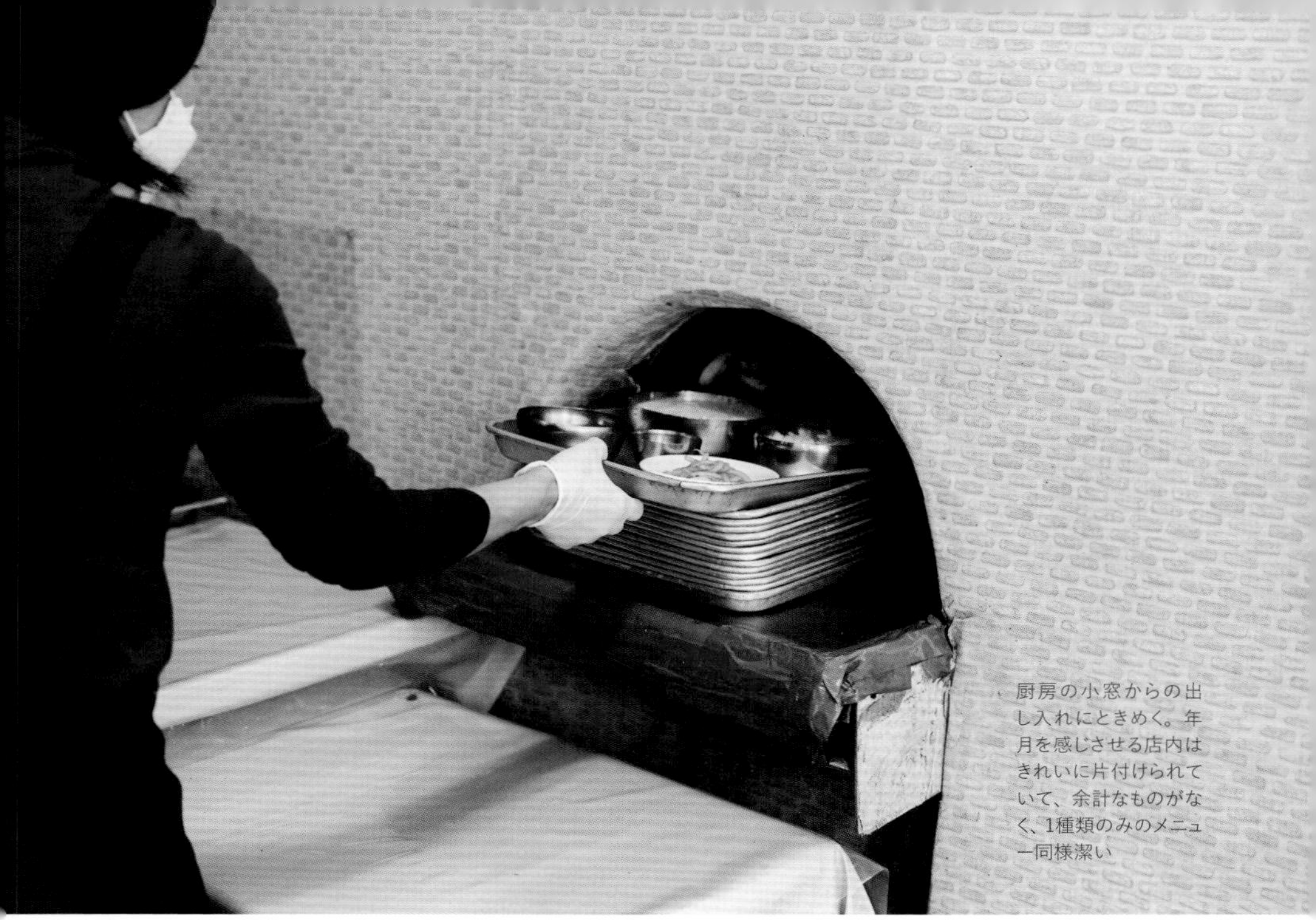

厨房の小窓からの出し入れにときめく。年月を感じさせる店内はきれいに片付けられていて、余計なものがなく、1種類のみのメニュー同様潔い

間に来るのがおすすめだそう。

まずは、もろもろとしたコンビジをそのままで。塩気はほとんどなく、ほんのりお肉の出汁を感じます。ネギと青陽《チョンヤン》唐辛子が入った醤油タレをかけると、ぐんと旨みが増してごはんに合う味に。付け合わせの水キムチとムセンチェ（大根の和え物）はさっぱりしていて、コンビジのやさしい風味を消しません。出てくるものすべて、それぞれの役割と調和が完璧なんです。

窓からの景色もまたよくて。季節ごとに色を変える木々、市場、道行く人たち……。ずっと見ていたいくらい、私が好きなソウルが詰まっています。窓の外を眺めながら、年配の常連さんたちにまじってコンビジをほおばるひと時。風景と味で「今、韓国にいるんだ」と感じさせてくれる場所です。

## 江山屋《カンサノッ》

강산옥／カンサノッ

地 P.157 C-1
住 中区清渓川路196-1 2F／중구 청계천로 196−1 2층
電 02-2273-1591
営 11:30～14:00（LO13:30、コングクスは13:00）
休 土・日曜（6～8月は土曜も営業、8月1日～約1週間と12月15日～旧正月明けは長期休業）
交 地下鉄2・5号線乙支路4街駅4番出口から徒歩2分

# 가정식

# おうちのごはん

## 構内食堂 / 구내식당

ごはん、メイン、汁物、5種のパンチャンで構成される日替わり定食、オヌレジョンシクW1万500。内容は毎日変わるのでInstagramを参照。この日の汁物はウゴジテンジャングク（干した白菜の外葉のみそ汁）。メインは鶏肉の炒め煮の日だったけれど直前で売り切れてしまい「鶏が食べられないお客さんにはこうして出すこともあるから」と、急遽どんぶり用の豚肉炒めを用意してくれた

## 観光客でも食べられる貴重なおうちごはん

　韓国料理は本当に手がかかる。野菜や山菜を山盛り準備してもナムルはほんの少ししかできないし、キムチを漬けるのだってたくさんの食材と工程を要する大仕事。時間も手間もかかるし、人件費の問題などもあって、最近ソウルの食堂では工場で下準備をすませた食材を使ったり、よそから買ってきたキムチやパンチャン（おかず）を出すお店が増えているそうです。「一番身近でどこにでもあるけれど、だんだんとお金を出して食べるのが難しくなってきているもの。それが、うちで出しているような家庭料理《カジョンシク》だと思います」。そう話すのは店主のチェ・ヨヌさん。料理を担うオモニ（お母さん）ことキム・ヨンスクさんは20年ほど食堂を営んでいたベテランで、家庭料理のプロ。もとはヨヌさんのお母さんの親友で、ヨヌさんが「一緒にお店をやろう」と口説きおとし、8年前に「構内《クネ》食堂」をオープンしました。中学生の頃からヨンスクさんのごはんを食べて育ち、そのおいしさを誰よりよく知っているヨヌさんは「食堂をやれば絶対にうまくいく!」と自信満々でした。そんな当時の自分を振り返り、「お店を続けるのがこんなに大変だとは知らなかったから（笑）」と複雑な笑み。思わずうんうんと、大きくうなずいてしまいました。

　食べ物にもトレンドがあるけれど、ここで食べられるのは流行り廃りのない〝おうち〟の味。ごはん、汁物、パンチャンという組み合わせの、韓国の人が普段から食べている食事です。メニューは日替わり定食、ビビンパ、豚肉やタコのピリ辛炒めのどんぶりなど。定食の内容は毎日Instagramで告知をし、メインがお肉やお魚の日もあれば、アツアツのチゲの日も。ビビンパにのせるナムルはたっぷり7〜8種類。この日はわらび、ヒラタケ、もやし、豆もやし、シラヤマギク、キキョウの根にえごまの若葉。多いときは10種類も使うこともあるそうです。「自分が会社員をしていた頃、こういう普通の食事を気軽に食べられるところがありませんでした。プデチゲみたいに味が濃いものや、量が多くて消化によくないものばかり。私がそうじゃない家庭的な定食を出す店を開いたのは、変化を求めず、続けることが目的だから。広告や宣伝も全部お断りしています。一瞬だけ輝くような、短い間だけ注目度が高まることはあまり意味がないと思うので」

　ヨヌさんのモットーは二つ。新鮮な材料できちんとおいしく。そして、余計なものは加えずに細く長く続けていくこと。そのために一番大事にしているのが、食材の鮮度です。仕入れ先はお店の近所にある望遠《マンウォン》市場。毎日

オモニは仕込みを前日の午後から行い、毎朝7時前に出勤して調理を始める。忙しい日はパンチャンがなくなり早めにお店を閉めることも

ビビンパW1万1500。ナムルが入った器にごはんを移し、お好みでコチュジャンを加えてまぜる。「結局まぜてしまうからと炒めたニンジンやキャベツ、サンチュで数を合わせる店もありますが、そういったものは一切使いません」とヨヌさん

ヨヌさんが自転車で買い付けに行きます。「この地域に住む人は少なくて高いものより、手頃でいいものを求める人が多いので、形はちょっと悪くても味や鮮度は抜群。ただ、季節や気候によって野菜の状態が変わるので、必ず毎日市場に立ち寄るようにしています」。安くていいものが入ると電話をくれたり、事前によけておいてくれたり。毎日顔を出し続けてきたかいもあり、市場の人たちとの関係も揺るぎないものになりました。

「構内食堂」は韓国語で社員食堂や学生食堂を意味する言葉。検索はしづらいけれど、逆にそのほうがちょうどいい。地域の人の日常に寄り添い、気軽に食べに来られる場所でありたいと、この名前をつけました。ビルの地下にあるお店は一人でも入りやすく、カフェのような雰囲

左／SNSにはおいしそうな日替わり定食、そして頻繁に登場するわんこが気になった。自分も里親募集で譲ってもらった犬を飼っているので、「保護犬の活動をされているのかも」と興味がわいたのもお店を訪ねるきっかけに。聞くと、望遠は動物保護団体が多く、お客さんも保護犬と暮らす人が多いそう。お店でもポスターを貼るなどして活動を応援している　下／'22年3月に天国へ旅立ったヨヌさんの愛犬ミジャ

## 構《ク》内《ネ》食堂

구내식당／クネシッタン

地 P.157 A-2
住 麻浦区ワールドカップ路19キル74
オッチョダカゲ101号／
마포구 월드컵로19길 74 어쩌다가게 101호
電 070-5121-2710
営 11:00～20:00（LO19:30）※売り切れ次第終了
休 土・日曜
交 地下鉄6号線望遠駅2番出口から徒歩5分
goonaesikdang

気。近隣で働く若い人がかわるがわる食事をしに訪れます。オモニが漬けるキムチを販売する時期はキムチだけを買いに来る人も多く、その光景がすごく素敵で思わず見入ってしまいました。「費用や手間を考えると正直もっとお金をとらないといけない料理だとは思います。だからといって毎日高いものを食べるのは難しい。だからここではシンプルでおいしい、きちんとした食事を出したいと思うんです」。望遠で暮らす人や働く人がうらやましい。こんなお店が近くにあったら毎日だって通うのに。ほかほかのごはんに滋味深いスープ、色鮮やかなパンチャン。オモニの味を反芻しつつ、次はいつ行けるかなと、お店のアカウントに投稿されるおいしそうな定食を眺めるのでした。

肉質のしっかりした済州島産豚肉のポッサムW4万6000。当日朝に作った豆腐、ネギキムチ、コッチョリ（即席漬け）とポッサムキムチを混ぜたもの、カジャミシッケ（カレイのなれずし）、コダリムチム（スケトウダラの和え物）がつく。豚肉はキムチや和え物と、豆腐はそのまま食べるのがおすすめ。ボリュームがあるので複数人で

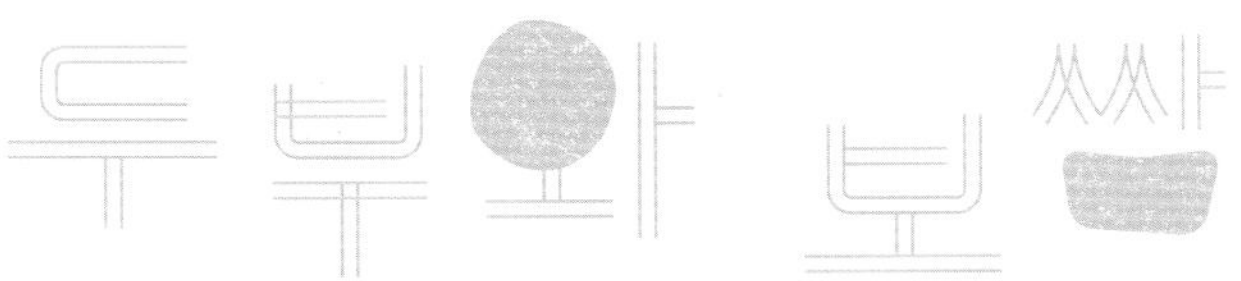


# 豆腐とポッサム

黄金コンパッ / 황금콩밭

## ポッサムが絶品な豆腐料理店

韓国に行ったらお肉を食べたいと思う方も多いと思います。私も参鶏湯、プルコギなど、野菜や韓方食材と組み合わせて食べるお肉のおいしさに目覚めて、いろいろなお店を巡るようになりました。ただ、脂の多い肉は小さい頃から食べ慣れていなかったので、おいしいお店があれば行ってみたいなあ、くらいに思っていました。

そんなある日、友人に連れて来てもらったのが「黄金《ファングム》コンパッ」です。こちらのポッサムに出会って、脂身のあるお肉の印象が大きく変わりました。皮付きの豚肉はまったく臭みがなく、旨みがありやわらか。あまりにおいしくて、これをきっかけに日本でも脂身を食べるようになったほど。その後もいろんなお店でポッサムを食べましたが、やはりここが一番好きです。

もう一つの主役は、ポッサムに添えられたお豆腐です。実は「黄金コンパッ」は豆腐料理の有名店。コンパッは韓国語で「豆畑」のことで、前述の友人も「お豆腐がおいしい店がある」と連れて来てくれたのです。

オーナーのユン・テヒョンさんは、もともと映画やドラマのシナリオ関連の出版社を経営されていた方。本を通じて日本の作品もたくさん韓国に紹介してきたそうです。脚本家の学びのツールが書籍からネットに移り変わり、役割を終えたと感じたテヒョンさんは、出版社があった場所で’13年に「黄金コンパッ」を開きました。そして地域の再開発に伴い’20年に現在の場所に移転。ここ阿峴洞《アヒョン》の本店以外に、漢江を渡った瑞草洞《ソチョドン》にも支店があり、本店のお隣にはマンドゥ（韓国餃子）と麺料理を売りにした姉妹店「ミルパッ庭園」（ミルパッは小麦畑という意味）もオープンしました。

慶尚北道・義城《ウィソン》出身のテヒョンさんは、幼少期からおばあさんが手作りした豆腐に親しんできたといいます。「豆腐はおいしいうえに栄養満点。幼い頃の思い出があり、自分の好きな食べものでもあったので、豆腐が主役の店を開くことにしました」。開業準備にあたっては韓国内だけでなく、日本や中国でもさまざまな豆腐を食べ歩いて研究を重ねたそう。そうして誕生した「黄金コンパッ」の豆腐は、瞬く間に評判となりました。

「いい豆腐ができるには複数の条件があります」と語るテヒョンさん。10年以上、毎日豆腐と向き合ってきたテヒョンさんならではの〝豆腐哲学〟を教えてくれました。まず大事なのは原料となる大豆の産地。「黄金コンパッ」では故郷と近い慶尚北道・栄州《ヨンジュ》の小白山《ソベクサン》で育てられた大豆を使っています。「小白山は日照量が多く水はけのいい地形で、大豆の栽培に適しています。昼夜の気温差も大きく、豆のボディ感と香りが強いんです」。春に植えて晩秋に採れる大豆は水分量が多く、低温熟成をして翌年の春〜初夏に食べると、水分が抜けてよりおいしくなるんだそう。こちらでは11月に収穫した大豆を10℃以下の低温倉庫で保管し、定期的にソウルに運んで来ています。

すりつぶした大豆に加える水の量や火を加える時間も、仕上がりに影響します。「煮るのが短すぎると生っぽくなり、反対に火を加えすぎると臭みが出てしまいます」とテヒョンさんはいいます。そして要となる豆腐の食感を決めるのは、にがりの量と入れるタイミング。大豆の風味や栄養素を残したままやわらかく仕上げるため、にがりは最小限に。毎朝、豆のコンディションと熟成具合をチェックし、ベストなにがりの量を計算しています。「工場で大量生産しているわけではないので、目指す味を作り出すにはどうしても感覚に頼らざるを得ません。3年前に体調を崩すまでは毎朝欠かさず自分でお玉を持って豆腐を作っていました。今でもスタッフの後ろに立ち、確認しながらにがりを調整しています」。韓国でモドゥブ（角豆腐）と呼ばれる四角く固められた豆腐は一般的に弾力がありますが、「黄金コンパッ」のお豆腐は四角い形を維持したまま口当たりはとてもやわらか。この絶妙な食感は、テヒョンさんのこだわりの賜物です。お豆腐がついたポッサムのほか、食用油にえごま油を加えて香ばしく焼いた豆腐のジョンもぜひ食べてほしいメニュー。テヒョンさんのお豆腐のすばらしさを体感できる逸品です。

発酵させた大豆を使ったチゲ、チョングッチャン W1 万 3000 も人気。本来は納豆のような強い匂いのする料理だが、「誰でも食べられるように」と匂いを抑えて淡泊に仕上げている。チゲのもとになる発酵大豆もお店で手作り

どっしりとした分厚さがうれしい豆腐のジョン、トゥブジョン W2 万と、オリジナルのマッコリ、コンパッ濁酒 W1 万 2000（500ml）。マッコリはテヒョンさんが小さな醸造所で少量生産しているため、飲めるのはお店でだけ。16 ～ 17 度と度数が高く、酸味がありすっきりとした味わい

## 黄金《ファングム》コンパッ

황금콩밭／ファングムコンパッ

地 P.157 B-2
住 麻浦区麻浦大路16キル9／마포구 마포대로16길 9
電 02-313-2952
営 11:30～15:00（LO14:00）、17:00～21:30（LO20:30）、
土・日曜・祝日11:00～15:00（LO14:00）、17:00～21:00（LO20:00）
休 無休
交 地下鉄5号線エオゲ駅4番出口から徒歩2分

入口横の調理場でぐつぐつと煮えるチゲ。ウロンテンジャン（タニシのテンジャンチゲ）W8000 ほか。どれも辛すぎず食べやすいので、初めて韓国を訪れる人にもおすすめ。パンチャンは仕入れによって変わり、この日は大根の葉のキムチ、練り物の和え物、緑豆もやしのナムル、辛みのない青唐辛子

찌개와 반찬

# チゲとおかず

トゥッペギチッ / 뚝배기집

## 日常を支える 特別じゃない日のごはん

「気になるお店があるんですが、朝ごはんに行きませんか？」。料理教室を開くためソウルを訪れていたとき、同行したスタッフがそう誘ってくれました。トゥッペギ（土鍋）のチゲを出すから「トゥッペギチッ（土鍋の店）」。そんな飾らない名前の看板が掲げられていて、窓から見えるトゥッペギたちと炎の大きさに「絶対おいしい」と確信して中に入りました。

韓国の食堂でごはんを頼むと、自動的に小皿のおかず＝パンチャンが出てきます。形式的なお店も多いのか、正直に言うと魅力を感じることは多くありません。だからこそ最初に出てくるパンチャンがおいしいということはメインも間違いないので、

うれしくなります。「トゥッペギチッ」はパンチャンがとにかくおいしい。スタッフと目を丸くして、おかわりをしたほどです。つやつやとしていて、手作りであること、作りたてなことがわかります。もちろんチゲもすばらしくて、何度も行くお気に入りのお店になりました。メニューはタニシのテンジャン（みそ）チゲ、テンジャンチゲ、スンドゥブチゲ、キムチチゲの4つで、2つのテンジャンチゲのベースは同じ。タニシは今の日本ではなじみのない食材ですが（聞けば韓国でも若い世代はあまり知らないそう）、クセのない貝という感じです。そしてどのチゲも見た目よりあっさりしていて辛さ控えめ。落とし卵にも小さな幸せを感じます。大きなステンレスの器に入ったごはんには好きなパンチャンと卓上のムセンチェ（大根の和え物）、コチュジャンをのせ、チゲも少し加えてビビンパのようにまぜて。それぞれの味が強すぎないからこそできる、調和を楽しむ食べ方です。

手際がすばらしい女性店主さんがお店を始めたのは'88年のこと。「ここは、これを食べようと決めて来るんじゃなくて、何を食べるか思い浮かばないときに来るところ。だからいろんな人が来てくれて、今も続いているんだと思います」という言葉に、このお店の魅力が詰まっている気がします。朝・昼・晩いつ食べてもしっくりくる、日常のごはん。もしソウルに住んでいたら「トゥッペギチッ」で毎日順番に違うチゲを食べたい。私のひそかな夢です。

## トゥッペギチッ

뚝배기집／トゥッペギチッ

地 P.157 C-1
住 鍾路区鍾路16キル12／종로구 종로16길 12
電 02-2265-5744
営 7:00〜21:30
休 無休
交 地下鉄1･3･5号線鍾路5街駅15番出口から徒歩5分

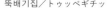

# 鶏カルグクス

晋州チッ / 진주집

닭칼국수

鶏カルグクスW1万2000。スープは鶏のほか、昆布や干しスケトウダラなど約10種類の材料から出汁を取ったもの。具のマンドゥは時間が経つと皮が水分を吸うので、なるべく熱いうちに食べるのがおすすめ

## コングクスの名店で食べたいもう一つの麺

汝矣島《ヨイド》駅近くの地下飲食店街にある「晋州《チンジュ》チッ」。コングクス（豆乳の冷たい麺）の名店として有名で、私も真夏にコングクスを目当てに訪れたのが最初でした。長蛇の列に並んで食べたコングクスは、もったりとしたピュレのような大豆のスープが印象的。初めての味わいに驚きが上回り、実はまだこのときは味をつかめずにいました。

冬になり、鶏《タッ》カルグクスというメニューがあることを知りました。温かい麺を欲していた私は空港から直行し、今度は待たずに中へ。モチモチの手切り麺に少し白濁したスープ、上にはたっぷりの鶏肉と大きなマンドゥ、エホバク（ズッキーニに似た野菜）、玉ねぎ、にんじんを炒めたピリ辛の具。まずは熱々のスープを一口、それからマンドゥをがぶり。ぷりぷりの食感に頬をゆるませながら、鶏肉と野菜を少しずつほぐし麺と食べ進めます。箸が止まらず体はぽかぽか。それ以来、汝矣島ではこれを食べると決めています。

そして、コングクスのその後。いろんなお店で食べてみるなか、再び「晋州チッ」で口にすると「こういうことか！」とパズルのピースがハマる瞬間がやってきました。韓国の食文化や暮らしを知って、その先でようやく理解できるような、コングクスとはそういう料理なのかもしれません。スープの材料は江原道産大豆と塩、水のみ。あらかじめ適度な塩加減に調整されています。まずはそのまま、それから付け合わせの甘いポッサムキムチと一緒にどうぞ。

コングクスW1万5000。1･2月は注文不可の日もあり

### 晋州《チンジュ》チッ

진주집／チンジュチッ

地 P.157 B-2
住 永登浦区国際金融路6キル33 B1F／
영등포구 국제금융로6길 33 지하1층
電 02-780-6108
営 10:00～20:00（LO19:50）、土曜～19:00（LO18:50）
休 日曜・祝日
交 地下鉄5･9号線汝矣島駅5番出口から徒歩4分

불고기

# プルコギ

駅前会館 / 역전회관

## 家族で受け継いでいく 店の教えとプルコギの味

店名に「駅前」が付いているとおいしい気配を感じるのは、きっと私だけではないはずです。「駅前会館《ヨッチョンフェグァン》」は全羅南道・順天《スンチョン》で開業した食堂から始まり、100年近い歴史がある老舗。'62年にソウルに移転した当時、龍山駅の前に店を作ったから「駅前」と付けたのだそう。

代表メニューはプルコギ。「駅前会館」で食べるまでプルコギは汁気の多いものしか知らなかったのですが、こちらはほろほろと焼き上げたパサップルコギ。薄くスライスした牛肉にタレを絡めて2日間熟成させ、網にのせて直火で焼いています。「パサッ」は韓国語で「サクッ、カラッ」という水気のない状態を表す言葉。2代目のご夫婦が初代から作り方を少し変えた際、常連客から料理名を問われ、とっさに「パサップルコギ」と答えたことが名前の由来で、気に入ったお客さんが「あのパサッと焼いたやつちょうだい」と注文するようになりこの名前が定着したのだそう。脂っぽさはなく、旨みが詰まったお肉の食感と網焼きの香ばしさにプルコギのイメージが変わりました。

お話を伺ったのは3代目のキム・ドヨンさん。味付けの要となるタレには肉をやわらかくするための果物などは加えず、最も基本的な醤油、砂糖、ごま油、ネギといったものだけ使用しているのだそう。「これは『基本の材料はよいものでないといけない』という2代目の教えから。肉そのものが良質であれば、余計なものは加える必要はありません。大事なのは各材料の比率。初代のレシピのまま守り続けています」。毎朝手作りしているというパンチャン（おかず）も、質のよい材料で丁寧に作られているのが感じられます。量もたっぷりですが、これも2代目がいつも言っていた「お客様には量をたくさん出さなければいけない」という言葉を守ってのこと。「義母の教えをもとに、パサップルコギと人気の料理を組み合わせたセットメニューも考案しました。3〜4人でいらっしゃる方におすすめです」とドヨンさん。守るべきところは守りながら、時代に合わせて進化を続ける。家族で受け継いでいく絆のようなものを感じるとともに、お店が長く続く理由がわかったような気がしました。

### 駅前会館《ヨッチョンフェグァン》

역전회관／ヨッチョンフェグァン

地 P.157 B-2
住 麻浦区土亭路37キル47／마포구 토정로37길 47
電 02-703-0019
営 11:00〜15:00（LO14:30）、17:00〜22:00（LO21:30）
休 月曜
交 地下鉄5・6号線、空港鉄道、京義・中央線孔徳駅1番出口から徒歩7分
yukjeon

右上／立ち上がる煙と火を前に、職人さんがお肉を豪快に網焼きする様子に惚れ惚れ　左中／パンチャンの一つ、落花生の醤油炒め煮　下／パサップルコギW3万8000。サンチュではなくえごまの葉にくるんで食べるスタイルが、このお肉の味を引き立てている。1人前の定食W1万9000もあり

미역국

# わかめスープ

Oilje / 오일제

## 主役として味わう本当のわかめスープ

日本で出会うわかめスープは焼肉屋さんのおまけ、もしくはお湯を注ぐだけのインスタント。わかめが数枚浮かぶ、私には何てことない料理でした。それが韓国に来て初めて、本当は特別なものだと知りました。産後のお母さんの体力回復食として、そこから転じて誕生日のお祝いにも食べるわかめスープは、サイドではなくれっきとしたメインディッシュだったのです。

以前、韓国の友人に連れられて行った老舗のわかめスープ専門店がありました。お肉か海鮮系か出汁が選べて、もちろん主役はわかめ。とろりと煮込まれた緑色のスープは、それまで知っていたわかめスープとはまったく違い、旨みあふれるごちそ

上／わかめは全羅南道・康津（カンジン）産の香り高いえごま油で2回に分けて炒め、仕上げに皮むきえごまの粉をかける。煮込む時間は3〜4分ほど　下／ごはんは全羅南道・宝城（ポソン）産のコシヒカリ。とろりとしたスープとのバランスを考えて粘度の低いお米を選んだそう

うでした。残念ながらコロナ禍で閉店してしまい、それからは次のお気に入りを探す日々。なかなか好みのわかめスープに出会えずにいました。
　そんなある日、ネットの記事で知った「Oilje《オイルジェ》」は、若い店主さんが営むスタイリッシュなお店に感じられました。実際行ってみてそれは間違いではなかったけれど、店主のシン・ドンフンさんがわかめスープに注ぐ熱は想像以上でした。イタリアンのシェフとして20年ほど働いていたドンフンさんが、独立の準備期間としてお休みしていた2年間、よく作っていたのが知人を家に招いてふるまう誕生日のお祝い料理。そこに欠かせないわかめスープはみんなに喜んでもらえたそう。「流行に左右されないクラシックで長く愛される食べ物の店を作りたい」と考えていたドンフンさんは、その経験から確信を得て'23年にわかめスープ専門店を開業しました。
　私は仕事や取材でお店の厨房やバックヤードに入ることも多いのですが、おいしいものを出す店は清潔で空気が違います。「Oilje」はまさにそんな、気配りが行き届いた美しい店内。さっそくカウンターに座り、えごまわかめスープを注文すると、目の前で大きな釜から炊き立てのごはんをよそってくれました。こんな贅沢なこと、日本でもなかなかありません。ぐらぐらと煮立った状態で置かれたわかめスープは、全羅南道・高興《コフン》の居《コ》金島《グムド》で採れた若いわかめを使ったもの。韓牛の牛骨と昆布出汁で18時間かけて作ったスープに、えごまの粉がたっぷり入っています。いろんな味が溶け込んでいるのだけど、複雑に絡み合うというよりは澄んだ味。お店に入ったときの端正な印象とどこか似ています。わかめはうどんのようにすくい、つゆにつけて食べるという店独自の味わい方で。半分くらい食べ進めたら、スープにごはんを入れてもおいしいと教えてもらいました。
　食後にいただいたのはジェラート。ミルクジェラートにココナッツミルク、炒めた黒米、胚芽、塩、ほんの少しの山椒がかかっていて、こちらも必ず食べておきたい味。デザートまで丁寧に作られた、ごちそうと呼ぶにふさわしい一食。再びお気に入りを見つけたとうれしい気持ちになったのでした。

上／店主のシン・ドンフンさん。店名は漢字で「五日壙」と表し、週5日営業なので「五日制（オイルジェ）」という意味と、えごま油を使うことから英語の「Oil（オイル）」と釜飯を表す漢字「壙（ジェ）」を合わせた2つの意味を持つ。通常メニューはトゥルケミヨッククク（えごまわかめスープ）W1万3000とジェラートW3000のみ
右下／わかめスープと一緒に出てくるタコの塩辛は生のえごま油を垂らし、炒めたそばの実をかけ提供。おみやげで買って帰りたいほどおいしい

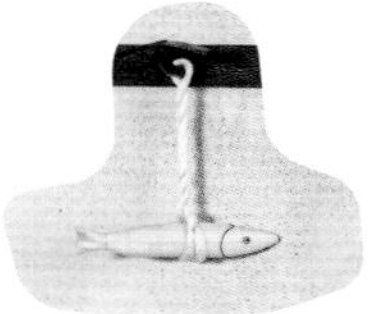

## Oilje《オイルジェ》

오일제／オイルジェ

地 P.157 C-2
住 龍山区漢江路1街180-1／용산구 한강로1가 180-1
電 070-8831-5534
営 10:00～15:00（LO14:00）
休 土・日曜
駅 地下鉄4・6号線三角地駅1番出口から徒歩5分
oilje_official
※InstagramのDMで予約するのが望ましい

玄米だんご入りえごまスープ、トゥルケヒョンミオンシミW1万5000。小さな器に入った麦ごはんが付いてくるので、ヨルムキムチ（大根の葉のキムチ）とコチュジャンをのせ、よくまぜて味わって

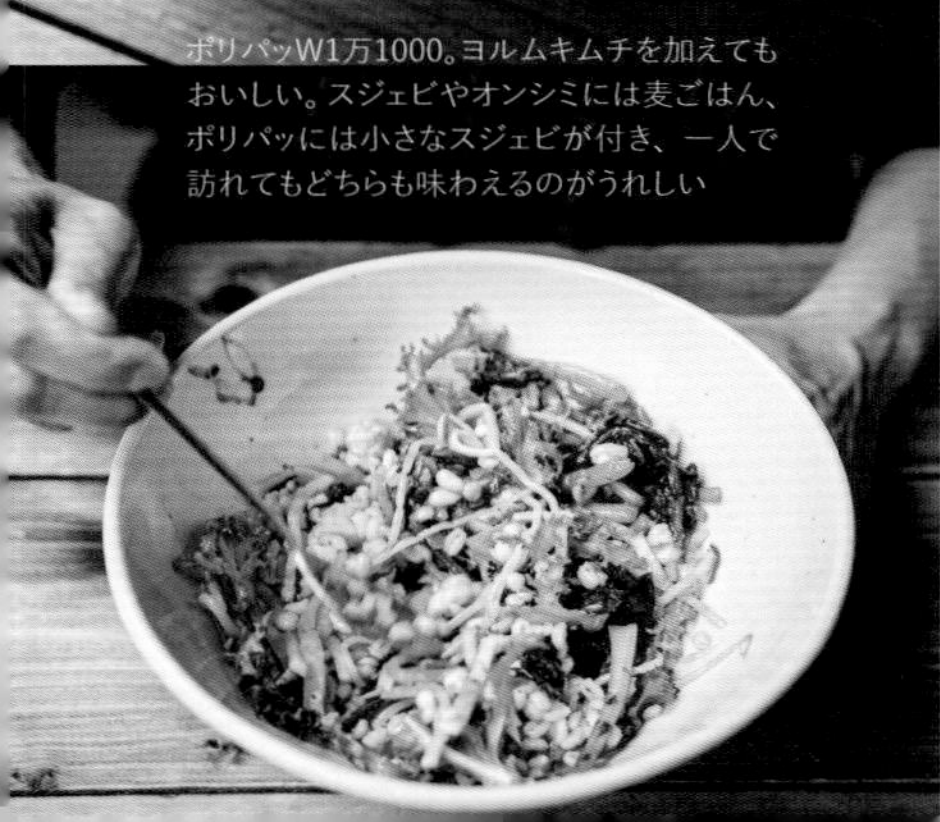

ポリパッW1万1000。ヨルムキムチを加えてもおいしい。スジェビやオンシミには麦ごはん、ポリパッには小さなスジェビが付き、一人で訪れてもどちらも味わえるのがうれしい

わかめ入りすいとん、ミヨッスジェビW1万1000。こちらも小さな麦ごはん付き。食感の秘訣は生地を低温で長時間熟成させること。ピリ辛の醤油タレが付いてくるが、まずはぜひそのままで

수제비와 보리밥

# すいとんと麦ごはん

体府洞スジェビとポリパッ／
체부동 수제비와 보리밥

## のどごしを楽しむ最愛のなめらかスジェビ

昔からすいとんが好きで、韓国映画『リトル・フォレスト春夏秋冬』でスジェビと呼ばれる韓国式のすいとんがあることを知って、いろいろ食べ歩いてきました。お店によって若干の違いはあれ、どこも本当にシンプルで、薄味のスープに薄くひきちぎった親指大の生地がたっぷり入っています。具はにんじんやエホバク（ズッキーニに似た野菜）が多いようです。ただ、専門店をいくつか巡ってみても、「スジェビってこういうもの？」と答えがみつかりません。ひょっとしたら、ほかとは違う味や食感のものがあるかもしれないと思っていました。

「体府洞《チェブドン》スジェビとポリパッ」は近所を通りがかったときに友人が連れていってくれたお店。今までのスジェビとは違う味に、初めて食べたときは大興奮でした。のどごしがよく、日本のひもかわうどんのような、薄くなめらかでトゥルンとした舌触り。出汁もしっかりきいています。わかめ入りのスジェビはまだここでしか食べたことがないのですが、日本のうどんにもどこか似た味わいでした。

それから、えごまが好きな私のために友人が頼んでくれた玄米だんご入りえごまスープ。えごまの粉を使った濃厚な汁に、もっちりとした玄米のおだんごが入っています。スープもおだんごも本当においしくて、例えるならば韓国式のニョッキのよう。えごまの魅力を知りたい方にぜひ試してほしいです。

大根の和え物と、豆もやしのナムル、葉野菜がたっぷりのったポリパッ（麦ごはん）は、専用のテンジャン（みそ）をまぜて。一見シンプルですが、麦が大粒で食感がとてもよく、ぷちぷち、きゅるきゅるとしています。野菜が多く、麦の量は控えめ。このバランスが絶妙で、麦も具材の一つのよう。飽きずに最後まで食べられます。

どの料理もシンプルですがほかにないおいしさ。いつも地元の方で混んでいるので、ゆっくり食事をされたい方はピークタイムをはずした時間帯に訪れるのがよさそうです。

### 体府洞《チェブドン》
### スジェビとポリパッ

체부동 수제비와 보리밥／チェブドン スジェビワ ポリパッ

地 P.157 C-1
住 鍾路区紫霞門路5キル16 1F／종로구 자하문로5길 16 1층
電 02-722-6011
営 11:20～16:00、17:00～20:50(LO20:20)、
土曜11:20～19:00(LO18:30)
休 日曜
駅 地下鉄2号線景福宮駅2番出口から徒歩4分
※一人で利用する場合は13:00以降に訪問を

マンドゥグクW2万。スープに使う牛肉をさいて味を付け、ネギとともに添える。毎日お店で手作りするキムチは、すっきりとした味に感動

# マンドゥ

## チャハソンマンドゥ / 자하손만두

チャハネンチェ（小）W3万9000。えび、きゅうり、もち米粉をまぶして揚げたツルニンジンを松の実のソースであえた冷菜。松の実のソースは梨とレモンの果汁が隠し味

## 大切な人と味わいたい美しい手作りマンドゥ

'93年オープン。ソウルでマンドゥ（餃子）といえば名前があがる名店です。ご実家が経済的に苦しかった約30年前、店主のパク・ヘギョンさんが義理の妹とともに、自宅の庭でソンマンドゥ（手作りの餃子）を売り始めたのがお店のはじまり。次第に口コミで評判が広がり、庭に並べたテーブルが3つから4つ、4つから5つに。家の中にもお客さんを迎える空間を増やしていき、最終的には住まいを別の場所に移しました。家族が暮らす家《チプ》は、いつしかたくさんの人に愛されるおいしい店《マッチプ》に。でも、もともと料理で人をもてなすのが好きな家族のもとで育ったへギョンさんにとって、お客さんを家に呼ぶのは昔からずっと日常の風景でした。

家での宴で腕をふるうのは決まっておばあさんのユン・スニさん。ソウル生まれ、ソウル育ちで、この地域の人々が食べなじんでいる料理を熟知していたといいます。そんなスニさんに幼い頃から料理を習ってきたへギョンさんは、「うちで出しているのは韓国料理の中でもソウルの料理」と胸を張ります。「母を早くに亡くし、店をやっていくための大切な教えも祖母からたくさん授かりました」。

おばあさんの味を受け継いだマンドゥは、国産小麦で皮を作り、毎朝お店で包んでいます。「スープに使うのか、鍋に入れるのか、蒸して食べるのかなど、どんな調理をするかによって包み方だけでなく餡の中身も変えています」。豆腐と野菜だけの餡もあれば、夏の山菜を使った

季節のマンドゥも。お店が忙しい時期は1日に5000個以上包むこともあるそうです。

マンドゥグク（餃子スープ）には牛肉と豚肉、豆腐、もやしの餡。大ぶりだけど、とてもやさしい味。スープはヤンジモリ（牛の胸肉）を煮出し、味付けは醤油と塩だけというから驚きです。「味の決め手は自家製の朝鮮醤油《チョソンカンジャン》。毎年豆の発酵から手作りし、もう何十年も熟成しています。歳月が作り出す味なので、やわらかく、ほんのり淡く、どんな食材ともよく合います。だから、どの料理も調味料はこの醤油と塩だけ。ほかは一切使いません」。何を食べても雑味がなく、食べ疲れることがない。その理由はこの味付けにもありました。「少し物足りないようなあっさりした味こそ、恋しくなるものですよね」。ヘギョンさんの言葉に深く共感します。

そしてもう一つ、ツルニンジンとえびの冷菜。もち米粉をまとった香ばしいツルニンジンに、えびときゅうり。いろいろな食感が松の実の衣でまとめられていて、食べ終わるのがもったいないくらい。この一皿が忘れられず、コロナが明けたら絶対にまた食べに行きたいと願っていました。それを伝えると「この料理はうちにしかありませんから」とうれしそうなヘギョンさん。だから名前も「チャハ冷菜《ネンチェ》」。お店の屋号を付けました。

「大切にしているのは真心。似ているように見えても、真心を込めた味とそうでないものでは大きく違う。心を込めた食べ物は温かい味がします」。ヘギョンさんのお話は心に刻んでおきたくなるものばかり。美しく、温かい味のお料理は、韓国料理の奥深さも教えてくれます。家族とソウルに行くときは、絶対ここに連れていこう。そう心に決めているお店です。

奥から、オミジャ茶W7000、エンドゥファチェ（ユスラウメのシャーベット）W9000、シナモンとしょうがが香るスジョングァW7000 。盛り付け、味、すべてが美しく芸術的

下／餅入り餃子スープ、マンドゥトックW2万。にんじん、ほうれんそう、ビーツで色を付けたパステルカラーの餃子と雪だるまのような見た目のお餅が愛らしい　左／店の庭に自家製の醤油を保存するための大きなかめが並ぶ

## チャハソンマンドゥ

자하손만두／チャハソンマンドゥ

地 P.157 C-1
住 鍾路区白石洞キル12／종로구 백석동길 12
電 02-379-2648
営 11:00～21:00(LO20:15)
休 月曜
交 地下鉄3号線景福宮駅からタクシーで5分
jaha_sonmandoo

ナムルのまぜそば、ナムルビビンミョン W1万8000。この日の季節のナムルは、ハナウドやシラヤマギクなどいろいろな山菜を干したものと、旬のごぼう。味付けは店主のデヨンさんのお母さんが作る醤油やみそがベースになっている

나물비빔면

# 山菜ナムルのまぜそば

空間 ティットンサン / 공간 뒷동산

## 店主さんのこだわりをすべてに感じる"空間"

私が韓国料理に惹かれる理由の一つが、多様な山菜の使い方。歯応えや風味が異なる山菜を季節によって味わいつくしていると感じます。乾燥させたものの方が生よりおいしいこともあると知ったのも韓国料理のおかげ。なかでも忘れられない一品が、自家醸造のお酒と創作料理のお店「空間 ティットンサン」の山菜ナムルのまぜそばです。

日本の山菜そばとは異なる韓国らしい料理で、お皿の真ん中にゆでたそばがこんもり盛られ、上にはニンニクの茎の醤油漬けとえごまの実。取り囲むように山クラゲとシイタケ、2種の季節のナムルが置かれています。麺は醤油漬けの汁とえごま油、ナムルはそれぞれ出汁醤油や塩、

江原道産のそば粉を使ったそば粉の薄皮巻き、きのこと大根のメミルジョンビョンW1万7000(冬季限定メニュー)。もちもちの生地に、3種のきのこと大根がくるまれている。自家製醤油で作ったタレをつけて

ごま油、自家製みそなどで味付けされているので、少しずつおつまみとして食べてもいいですが、麺とナムルをよくまぜるとまた絶品。山菜の歯応え、えごまのコク、そばの風味、そのすべてが渾然一体とまざり合ったとき、これまで食べたことのない、新しいおいしさに出会える気がします。友人とシェアしましたが、本当は一人でわしわし脇目もふらず食べたいくらいでした。

店主のソン・デヨンさんにとって、そばは故郷である江原道の特産物として慣れ親しんだ食材。空間デザインの仕事を辞め、飲食店を開こうと考えたとき、真っ先に思い浮かんだのはおばあちゃんが作ってくれた料理だといいます。「幼い頃から食べてきたものなら、お客さんにも自信を持って出せると思いまし

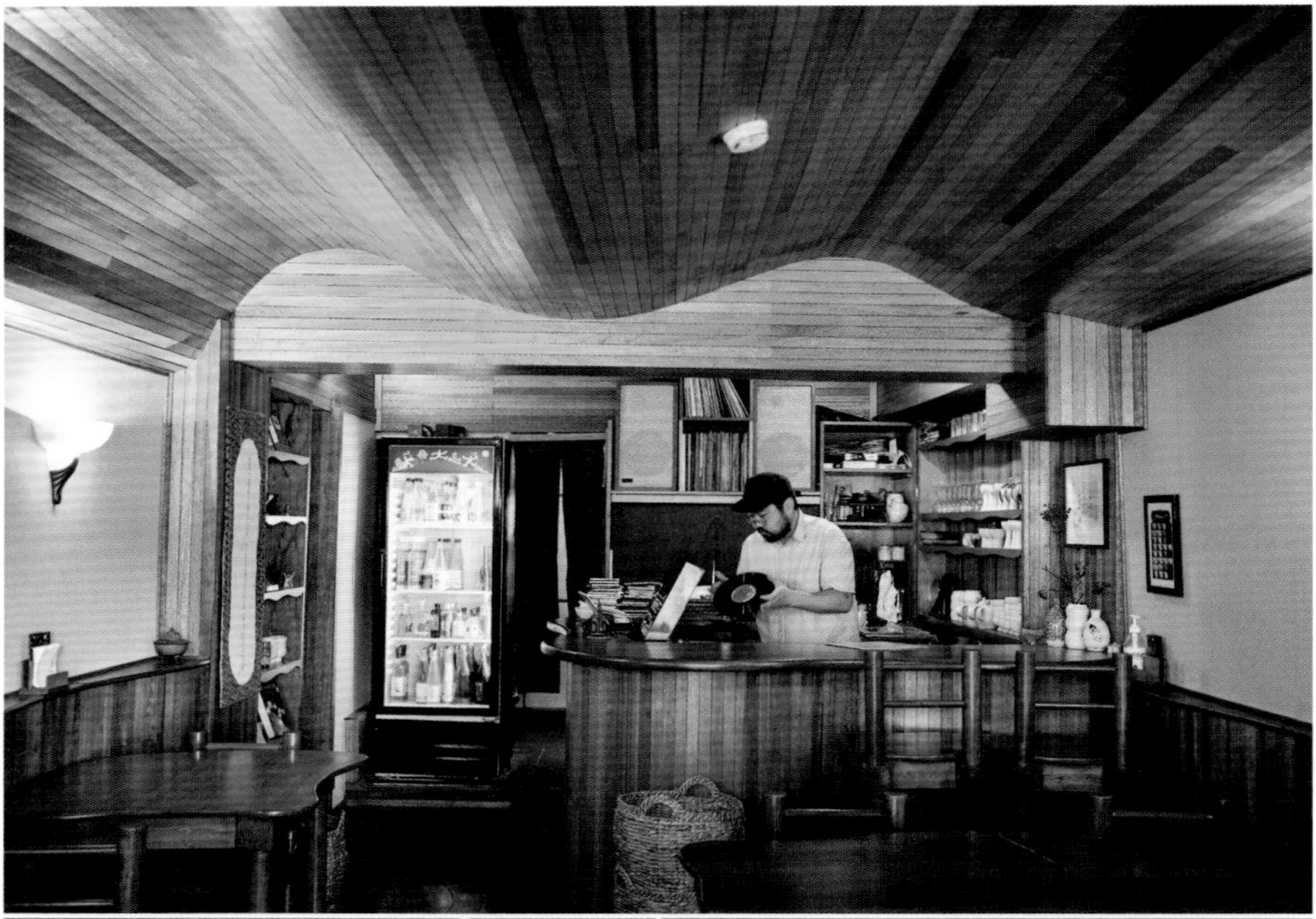

上／「バーでお酒だけを味わう欧米と違い、韓国はお酒を料理とともに楽しむ文化。それで醸造所だけでなく、料理も提供するお店を開くことにしました」と店主のデヨンさん　右下、左下／素敵なお皿や酒器はデヨンさんがデザインし、友人の陶芸家が制作したもの。購入もできる

た。その江原道の料理、それからあくまでもお酒が主役の店なので、お酒について記された古い料理書からもヒントを得てメニューを考案しています」。

酒類の注文が必須というルールがあり、店自体が醸造所でもある「空間 ティットンサン」。ハンアリ（壺）を使って米、水、麹だけで造る濁酒《タッチュ》（マッコリ）と、熟成させた原酒の上澄みである清酒《チョンジュ》、ブドウなど季節の材料を用いる季節酒を醸造しています。濁酒はごくごく飲むのではなく少しずつ楽しんでほしいという意図から、度数10度とマッコリにしては少し高め。糖度を抑えたすっきりとした味わいで、自家製なだけあって料理とのペアリングも抜群です。

このお店の魅力は料理とお酒だけにとどまりません。印象的だったのが音楽。「BGMは店の大きな要素の一つだと思っている」というデヨンさんが選ぶ音楽は、メインチャートにはのらない東アジアの楽曲が中心です。「米でお酒を造るのは東アジアの文化ですよね。その文化を共有する場所の音楽ということで選んでいます。日本の音楽をかけることも多いですよ」。取材中もさりげなく日本のシティポップをかけてくださり、ほかほかうれしくなりました。

デヨンさん自らデザインした店舗空間も大きな魅力で、一歩足を踏み入れると「わー」と驚きの声が出たほど。インパクトのある波打つ天井は、まるで店名のティットンサン（＝裏山）の稜線のよう。帰国後、普段はあまり私の旅の話に反応のない夫が「この天井、どうなっているの？」と写真に興味を示したことも印象的で、次は一緒に、と思ったのでした。お料理、お酒、音楽、空間すべてにこだわりを感じる、親しい人を連れていきたくなるお店です。

ティットンサン清酒W3万8000(右／374ml)、
ティットンサン濁酒W2万5000(左／500ml)。
店の裏の小さな醸造所で造っている

## 空間 ティットンサン

공간 뒷동산／コンガン ティットンサン

地 P.156 D-1
住 城北区三仙橋路2キル3／
성북구 삼선교로2길 3
電 0507-1387-3977
営 18:00～23:00(LO22:00)、土・日曜17:00～
休 月・火曜
交 地下鉄4号線漢城大入口駅3番出口から徒歩1分
duidongsan

들기름막국수

# えごま油そば

清流壁 / 청류벽

## 搾りたてを味わえる 風味豊かなマッククス

マッククスはそば粉で作る麺で、江原道の郷土料理の一つ。甘辛いタレとあえたり、水冷麺のように冷たいスープに入れて食べるのが一般的です。さらに近年、ソウル郊外のあるお店をきっかけにトゥルキルム（えごま油）と醤油タレをまぜて食べるトゥルキルムマッククスが大流行。家で手軽に作れる商品も続々と発売され、韓国ではマッククスと聞けばすっとこの食べ方も思い浮かぶほど、すっかり身近な存在になったそうです。

えごま好きの私はコロナ禍に流行したというその味を一度食べてみたくて「清流壁《チョンリュビョッ》」を訪れました。会社員が多い江南《カンナム》エリアに'18年にオープンし、近隣で働く人はもちろん、若い女性や家族連れ、一人で黙々と食べるアジョシ（おじさん）と、いろんなお客さんでにぎわいます。

お店の中には大きな搾油機が置かれ、搾りたての油を使っているところが魅力。油はどんなに質がよくても加熱後に少しずつ酸化するので、新鮮であることはとても大事。えごま油がポイントの料理なだけになおさらです。麺もお店で製麺し、弾力のある食感。醤油ベースの薄味のタレに、たっぷりのえごま油、ごま、えごま、海苔の粉をよくまぜて食べます。もちもちのそばにコクのある油と香ばしいトッピングがなじんでするすると、あっという間に器がからっぽになってしまいます。えごま油が主役なのはもちろんですが、海苔の粉も重要。ほかの店で海苔がないものを食べたときは、なんだか物足りなさを感じてしまいました。青海苔粉のような強い主張ではなく、焼き海苔そのものの味わい。だけど、それが逆にいい。おだやかな風味がタレと麺にしっかり絡むことで、この料理が完成しているように思います。

店に入るとすぐ目に入る搾油機。毎朝その日に使う分のえごま油を搾油している。搾りたての油は常連客に評判で焼酎瓶に詰めて販売もしている。1本W3万

トゥルキルムマッククスW1万2000。韓国のそばは弾力があり、その点が日本との大きな違い。全体として風味より食感に特徴を感じる。ごまとえごまは炒りたてを、海苔の粉は風味豊かな機張（キジャン）の海苔を使い、とても香りがよい

## 清流壁《チョンリュビョッ》

청류벽／チョンリュビョッ

地 P.156 D-3
住 瑞草区瑞草大路74キル29 1F／
서초구 서초대로74길 29 1층
電 02-2055-1191
営 11:00～21:30（LO20:30）、土・日曜11:30～
休 無休
交 地下鉄2号線・新盆唐線江南駅5番出口から徒歩1分

치킨

# フライドチキン

鶏熱社 / 계열사

## こだわりの塩がポイント ソウルの〝三大チキン〟

韓国では「ソウル三大キムチチゲ」や「三大トッポッキ」など、食べ物のジャンルごとに〝三大○○〟と呼ばれるお店をよく聞きます（私は日本の三大豆大福くらいしか知りません）。「鶏熱《ケヨル》社《サ》」はそんなソウルの三大チキンに数えられる名店。ソウル市内にいくつか支店がありますが、訪れたいのは付岩洞《プアムドン》の本店。中心部から少し離れた場所にありますが、いつもたくさんの人でにぎわっています。

実は私は韓国でチキンを食べる機会がそんなに多くなく、どちらかというとコンサートへ行った日の遅い夕飯などに「チキン屋さんならまだやっているよね？」という感じで行くことがほとんどでした。好きだけれど、優先順位は低め。でも、「鶏熱社」はわざわざ行きたくなる、その価値があるお店だと思うのです。

韓国のお料理は全体的に塩気が控えめですが、チキンに関してはしっかりめの味だなと感じることがたびたびあり、特にヤンニョムチキンのようにタレを絡めたものは、お肉以上にタレの印象が強く残っていました。

一方、「鶏熱社」は衣の香ばしさと肉の旨みをしっかりと味わえるのが魅力。提供しているチキンの種類も、タレを絡めないシンプルなフライドチキンのみです。薄くパリッとした衣と、こだわりの塩タレに漬け込んで熟成されたしっとりやわらかいお肉。高温でしっかり揚げ切ることで油のべたつきがなく、だけどお肉がぱさぱさしていない

上／鶏肉は国産にこだわり、パリパリの衣にはもち米粉ときなこが使われているそう。きなこは風味ではなく香ばしさをプラス
下／揚げたてのチキンをてきぱきとかごに盛り付ける店員さん。ひっきりなしに注文が入り、厨房はいつも大忙し

のはびっくり。かごにたっぷり入っているので最初は食べ切れるか心配になりますが、飽きない味付けなので、あっという間に完食です。

右／フライドチキンW2万2000。小皿に盛られた焼き塩は、国産の天然塩を熟成し、厨房でじっくり火を通したもの。そのほか、甘辛いヤンニョムソース、大根の酢漬けも付く　左下／店の裏の大きなかめに保管された炒める前の熟成天然塩。味の決め手となる鶏のヨムジ(塩漬け)にも手作りの焼き塩を使用している

## 鶏《ケ》熱《ヨル》社《サ》

계열사／ケヨルサ

地 P.157 C-1
住 鍾路区白石洞キル7／종로구 백석동길 7
電 02-391-3566
営 12:00～22:30
休 月曜
交 地下鉄3号線景福宮駅からタクシーで6分
gye_yeol_sa_

야채전과 막걸리

# 野菜のチヂミとマッコリ

## 李博士の新洞マッコリ / 이박사의신동막걸리

右からキョンサンドペチュジョン(慶尚道の白菜チヂミ)、シゴルチップチュジョン(田舎家のニラチヂミ)各W1万2000。ニラは李博士のご両親の畑で採れたもの。やかんや盃、食器には慶尚北道の無形文化財に指定されている真鍮、奉化鍮器(ポンファユギ)を使用

### 極薄の衣をまとった 目にも美しい野菜チヂミ

韓国には「雨の日はチヂミとマッコリ」という言葉があり、雨の日はチヂミを食べる人が多いそうです。雨音と生地を焼く音が似ているから、雨天で農作業ができない日にチヂミを焼いて食べていたからなど、諸説あるそうですが、それくらい昔から身近で、日々の暮らしに根ざした食べ物です。

「李博士《イバクサ》の新洞《シンドン》マッコリ」のチヂミは粉がとにかく少なく、薄くてさっくりとした食感。そば粉もブレンドされていて、とても香ばしく、ごく薄い衣をまとった野菜は旨みが口の中にジュワッと広がります。大好きな白菜に、色鮮やかなニラ、肉厚な朝鮮ホバク(朝鮮カボチャ)。以前雑誌の連載でも取材させても

油の温度と火加減に気を配り、じっくり水分を飛ばして焼き上げる。家にある野菜で作る素朴なチヂミも好きだけど、この火入れの加減はお店でしか食べられないクオリティ　上／ウオンジョンW1万5000。珍しいゴボウのチヂミ。サクサク、カリカリ　下／朝鮮カボチャのチヂミはほかより少しもっちり。フェオリホバクジョンW1万5000。「フェオリ」はつむじ風がうずをまく様子を表す言葉

らったことがあるのですが、こんなに美しいチヂミはやっぱりほかに知りません。

店主の李博士（有名な音楽家とは別の方）はご両親が故郷の慶尚道で農業をされていて、お店で使う野菜は主にご両親から仕入れたもの。旬にこだわり、そのとき一番おいしいものしか出さないという気概にも惹かれます。店名に掲げている新洞マッコリは慶尚北道で造られる無添加の生マッコリ。博士が韓国中の名もない醸造所を訪ね歩き見つけ出した一番のお気に入りで、すっきりと飲みやすく、バナナにも似た果実感のある香り。真鍮のやかんと盃《さかずき》で出されます。「器がいいと見た目や口当たりに高級感が出る。マッコリはもともと安いお酒で、どんなにいいものも正当に評価されづらく、そのイメージを変えるためでもありました」と博士。真鍮の食器はチヂミともよく合っていて、韓国のおいしいものを食べているという気持ちが高まります。雨じゃなくて晴れの日もマッコリと楽しみたい李博士のチヂミ。一人よりはみんなで、いろんな種類を味わうのがおすすめです。

## 李博士《イバクサ》の新洞《シンドン》マッコリ

이박사의신동막걸리／イパクサエシンドンマッコルリ

地 P.157 B-2
住 麻浦区土亭路263／마포구 토정로 263
電 02-702-7717
営 13:00～23:30(LO22:50)
休 日曜
交 地下鉄5号線麻浦駅1番出口から徒歩11分

新鮮なトマト、オリーブ、ルッコラペーストのグリーンパスタW2万5000。冬は酸味を抑え、夏は少し強め、味を調節しながら提供している

이탈리안

# 韓国野菜のイタリアン

DUOMO / 두오모

## 韓国の素材にこだわる 野菜がおいしいイタリアン

ひょっとしたら韓国で本格的なイタリアンを食べに行く機会はなかなかないかもしれません。「せっかくなら韓国料理を」となるのは自然なことですし、実際私もそうでした。私が「DUO《ドゥオ》MO《モ》」に通うようになったのは、シェフのホ・インさんとの出会いがきっかけ。初めてお会いしたのは京都で、知り合いの菜食レストランで食事をしていると きに、韓国のお客様がいると紹介してもらったのが彼女でした。その後、「Qyun《キュン》」（P56）や「マルシェ@」（P118）ともつながりがあることを知り、ご縁が重なりお店を訪ねることに。あとから知ったのですが、私の韓国の友人・知人がみな常連で、話をすると口をそろえて「なかなか予約がとれない人気のお店なんだよ！」と教えてくれました。「DUOMO」を一言で表すならば〝野菜がおいしいイタリアン〟。お肉やお魚のメニューもありますが、韓国の野菜をたくさん味わえるのがうれしいお店です。野菜は韓国産のみにこだ

パオロのママのりんごケーキW1万。しっとりとした食感で、添えられたレモンの香りのカスタードクリームもおいしい。卵も韓国産でずっと同じ農場から仕入れているそう

わり、シェフが各地の農家さんを訪ねたり、マルシェで購入したりと、生産者から直接仕入れています。そのためどのお料理を食べても野菜がとても新鮮で、力強い味わい。素材に無理をさせず、魅力に添う調理をされているのを感じます。なかでも私が好きなのがグリーンパスタ。シェフが「サラダのような感覚で楽しめるパスタ」とおっしゃる通り、たくさんの野菜が一皿にとじ込められています。

　いつ行ってもお客さんでにぎわっていてとても忙しいはずなのに、スタッフさんがみんなやさしくてチャーミング。シェフにそれを伝えると「私は日本に行くとそう感じます」とうれしいお返事。シェフは日本を旅行するのが大好きで、取材でお会いした前の月も愛知や三重を巡っていたそうです。私より日本のおいしいお店にくわしいので、こんどはぜひおすすめを教えてほしいです。

## DUOMO《ドゥオモ》

두오모／ドゥオモ

地 P.157 C-1
住 鍾路区紫霞門路16キル5 1F／종로구 자하문로16길 5 1층
電 02-730-0902
営 12:00～15:00(LO14:30)、18:00～21:00(LO20:30)
休 日・月曜
交 地下鉄3号線景福宮駅3番出口から徒歩10分
hyojadongduomo

아침식사

# 野菜たっぷり朝ごはん

## veggie weekend / 베지위켄드

### 野菜料理で迎えてくれるソウルの〝かもめ食堂〟

あちこちにカフェがあるソウルですが、朝早くから開いているお店は案外少ないように思います。そのため、滞在中の朝ごはんは韓国料理が続きがち（もちろん、それもうれしいのですが）。パンのおいしい朝ごはんを探しているときに知ったのが、「veggie weekend《ベジウィークエンド》」でした。

こちらは日本に料理留学の経験もあるキム・ヤンチュルさんが開いたブランチレストラン。以前は人気の定食屋さんを経営していたヤンチュルさんは、肉料理だけをメインと考える風潮に違和感を覚えたといいます。「お肉はしっかり食べるのに、野菜はあまり食べない人が多くて。野菜もメインになるということを伝えたくて野菜中心のお店を始めました。ビーガンではないし肉も魚も出すけど、あくまで主役は野菜です」。そうして'20年に野菜のコース料理とワインを提供する「ヤンチュルソウル」をオープン。よりカジュアルに楽しめる場として、'23年4月に姉妹店の「veggie weekend」が

この日のオープンサンドW1万2000は玉ねぎとグリンピース炒め、ミント、ベーコン、半熟卵、自家製チリオイルをのせて。サワードウのパンはお隣のパン屋「artisan bakers 漢南」のもの

誕生しました。

メニューは月替わりで、とにかく野菜がたっぷり。シンプルな野菜料理とは違う、多種類の野菜の味・食感を生かした組み合わせが印象的です。ボリュームたっぷりでも野菜メインなので重くなく、心はちゃんと満たされる。そんな朝ごはんのおかげで、気持ちよく一日をスタートできました。

帰国後、ヤンチュルさんのSNSを見ると、約15年前、日本で勉強していた当時通っていたカフェのことが投稿されていました。そこには「私のかもめ食堂」と。写真を見てびっくり、なんと私がメニューを手がけた店だったのです。こんなふうに自分の作ったものが、時間と国を越えて伝わっているなんて。思いがけないつながりに、とてもうれしくなったのでした。

## veggie weekend《ベジウィークエンド》

베지위켄드／ベジウィケンドゥ

地 P.156 D-2
住 龍山区漢南大路60 1F リチェンシア商街／용산구 한남대로 60 1층 리첸시아상가
電 0507-1350-6553
営 9:00～15:00(LO14:00)、17:00～20:00(LO19:00)、日曜11:30～17:00(LO16:00)
休 月・火曜
交 地下鉄6号線漢江鎮駅2番出口から徒歩19分
veggieweekend

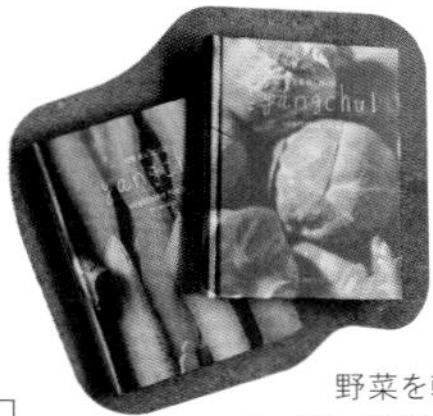

左／ヤンチュルさんはキッチン担当のソン・ホユンシェフとともに野菜料理のレシピ本も出版　右下／済州島など全国各地から仕入れた野菜を使用。毎月替わる6種類の野菜を軸にメニューを構成している。夏にはすいかやチャメ（マクワウリ）のスープを出したことも。この日のスープW8000は白マッシュルームのブロスに揚げ豆腐としいたけ。サラダW1万はパン付きで、レンズ豆とカボチャのピューレを添えて

ホットサンドと今日のスープ、野菜料理セットW1万8000。輸入小麦だが天然酵母で発酵させる「5月の鐘（オウォレジョン）」のパンを使用。自家製の塩麹ビーガンバーニャカウダーソースはすひゃんさんが摘んだオオバコ入り

INTERVIEW COLUMN #1

# 韓国の食と発酵

Qyun / 큔

## 韓国の食文化に欠かせない野菜と発酵との出会い

私の韓国の食の先生、きむ・すひゃんさん。韓国料理の魅力にハマるきっかけとなったおいしいお店は、すひゃんさんに教えていただきました。お会いするたび、食文化、食材のことを質問攻めにする私に、いつもにこやかにこたえてくださり、本当に尊敬しています。すひゃんさんとの出会いがなければ、こんなにいろんな食を知る機会はなかったと思いますし、韓国に通い続けることもなかったかもしれません。

以前すひゃんさんが手がけられていた弘大《ホンデ》の「スッカラ」（'21年2月閉店）は、韓国に住む友人たちみんなが大好きだったお店。スタッフさんが楽しそうに働く姿が印象的で、おいしいカレーも忘れられません。'19年にオープンした「Qyun《キュン》」は発酵とビーガンがキーワードで、店名も韓国語の「菌《キュン》」から。すべてのメニューに韓国や日本を含む東アジアの発酵食品を使っています。お店にはとにかくおもしろくて刺激

的なものがたくさんで、宝物が詰まっているかのよう。すひゃんさんが創立に携わり、最近まで長く続けられてきた「マルシェ@」(P118)に出店されている生産者さんの食材を使った料理が楽しめるのもうれしいです。「こんなものも発酵できるんだ!」という驚きと、どれも発酵による旨みが加わって、ビーガンということに関係なく、おいしい。こちらでもスタッフさんたちは当時と変わりなく、いきいきとしていて能動的。自分たちがお店を作っているという空気を感じ、とても素敵だなあと思っています。

**——まずは「スッカラ」と「マルシェ@」のお話から聞かせてください。**

韓国ではカフェとレストランがはっきりと分かれていて、昔は食事を出すカフェがあまりありませんでした。「スッカラ」はそういうカフェが欲しくて作ったお店です。オープンは'06年。バターチキンカレーが人気で、お肉も使っていました。「マルシェ@」を立ち上げたのは'12年のこと。実家のある横浜で東日本大震災を経験してから、産地がはっきりわかるものを消費していきたいという思いが強くなり、韓国に戻ってきたときにどうすればいいか考えた結果、市場が必要だと思ったんです。韓国は五日市が山ほどある、市場の国。ソウルを少し出ると5日に一度開かれる市場が今も500以上残っています。今は昔のように地元の人たちが野菜を持ってくるというより、五日市を回る業者さんがいて、その中に地元のおばあちゃんなど生産者さんもいて、直接野菜を売る感じになっています。私はそういうおばあちゃんが並ぶ通りを「おばあちゃん通り」と呼んでいて、おばあちゃん通りを目指して五日市を回るのがライフワークなんです。どこから来たかわかる食べ物について考えたときに思い浮かんだのが、そのおばあちゃんたちでした。

韓国ではひと昔前、おばあちゃんたちの世代までは家で多品種の野菜を育てていました。日本の統治下以降も、家族が育てた野菜をみんなで分け合う文化が残っていたのですが、だんだんとそれがなくなり「農業」が大きくなっていった。それにより、売り買いされる野菜の品種に多様性がなくなってきてしまったんです。そこで、自分の家族に食べさせる分と+αで育てているような、多品種の少量生産をする人たちが集まる市場を作ろうと「マルシェ@」を立ち上げました。ただ、当時はソウル近郊に多品種の野菜を育てている人がほとんどいなくて。週末農家さんの小さなコミュニティはあっても、その人たちは売り買いをしておらず、肝心の野菜が手に入らなかったん

キッチンでてきぱきと作業するスタッフさんたち。お店で出しているビーガンアイスはアメリカ出身のスタッフさんが作り始め、「スッカラ」時代に商品化したのが始まりだそう

です。そこで、最初は農家さんというより、農をしている人たちを集めてのスタートでした。その中からだんだんみんな農家さんになっていき、今では冬を除けば多品種の露地野菜が手に入るようになりました。

**――「スッカラ」でもマルシェのお野菜を使っていたと聞きました。**

マルシェを立ち上げたものの、最初は野菜が全然売れなくて(笑)。当時はソウルのど真ん中で生産者が野菜を直接販売する文化がなく、売るためにどうしたらいいか考えた結果、残ったものを買い取り「スッカラ」で野菜料理を増やすことにしました。そのうちスタッフたちから「これだけいい野菜があるのに自分たちの店のメニューに肉を入れる必要があるのか」という話があがるようになって。「スッカラ」のバターチキンカレーはスパイスで焼いたチキンレッグがのっていて、本当においしく大人気でしたが「毎日鶏の足をこんなに焼くのはおかしいんじゃないか」と。一つずつ「これはおかしいんじゃないか」ということを取り除いていったら、どんどんビーガンに近づき、最終的にはほぼビーガンに。でも、10年以上前の当時、周りに野菜だけでお金をもらって食べさせる人たちはいなかった。どうしたらお金を払ってでも食べたいと思わせることができるか、野菜だけではなかなか出せないコク、味の層を出せるかを考えたところ、微生物に頼らざるを得なかったんです。韓国の人も旨みに関してはとても厳しく、日本とはまた違った旨みを求めます。そこを満たすには、やはり発酵が加わらないと難しい。スタッフみんなの意識が植物性や微生物に向かうにつれ、発酵の世界へとずぶずぶハマっていき、発酵を活用した食を作り始めるようになりました。

「スッカラ」はお客さんも多く、発酵する空間がなかったので、ほかに場所を探すべきか悩んでいた頃、偶然「Qyun」が入っている建物を建てると知って。地下に発酵する空間も作るから入らないかと誘いを受け、「そういう場があるならば」と、スッカラのスタッフたちと一緒にオープンしました。

私の韓国の食文化の師匠すひゃんさん。お店では調味料や油、自家製のソースやデリなどを販売。毎週水曜には店先で農家さんが露地野菜を直売する「小さな八百屋さん」も開かれる

旬の野菜をどう余すことなく使うかを考えた末、たどりついた形です。

**――ビーガンということに関係なく、お料理がどれも本当においしいです。**

ありがとうございます。私もそうあってほしいと思っていて。お客さんはあとで「ビーガンなの?」って気づくとか、メニューをもう一回見るとか、そのくらいでいいと思うんです。ただ、私たちの中では、気候

デザートプレートW1万6000、ローズコンブチャW9000。豆乳ヨーグルトを使う乳酸発酵のりんごのアイスクリームに、りんごとイチジクのパイ。パイ生地には自家製ビーガンバターと韓国の地粉を使っている

変動の問題などを考えても、発酵を生かして植物性の料理を出すお店をやっていくことは「正解だ」という確信に変わりました。一説によると、2040年頃までには代替肉の占める割合が肉全体の約60%になるといわれていて、今後は肉も乳製品もどんどん高くなると思います。かといって、私はわざわざ代替肉を食べたいとは思わず、「あるものをおいしく」というスタンス。そうするには、植物性でおいしく食べるための技術が自分にも、その時代の料理人たちにも必要だと思うんです。

　発酵って本当におもしろくて。特に、韓国の発酵を調べ続けて昔の文献を探っていくと、朝鮮半島の発酵力の高さがよくわかります。日本や中国の発酵とはまたまったく違う。朝鮮半島の発酵は基本的に「家」なんです。みそも、醤油も、キムチもお酒もすべて、家で発酵する文化。韓国料理はすごく手のかかる究極のスローフードだと思っています。韓国には今はまだ、韓国料理にちゃんとお金を払うという感覚があまりありません。特別じゃない、日常だから。パスタやトムヤムクンなど外国料理一皿に2万ウォン出す人たちも、韓国料理に2万ウォンとなると求める基準が全然違う。メイン料理にごはんと汁物、3種以上のおかずと発酵野菜が並ぶのは基本で、家庭的な味まで求められてしまう。そのせいもあり、どんどんおいしいお店がなくなってきてしまって本当に残念です。うちではまだ韓国料理はできないけれど、最終的に、いつかは……と思っています。

## Qyun《キュン》

큔／キュン

地 P.157 C-1
住 鍾路区紫霞門路26キル17-2 1F／종로구 자하문로26길 17-2 1층
電 0507-1366-0591
営 11:00～16:00(LO15:30)
休 月・火曜
交 地下鉄3号線景福宮駅3番出口から徒歩17分
grocery_cafe_qyun

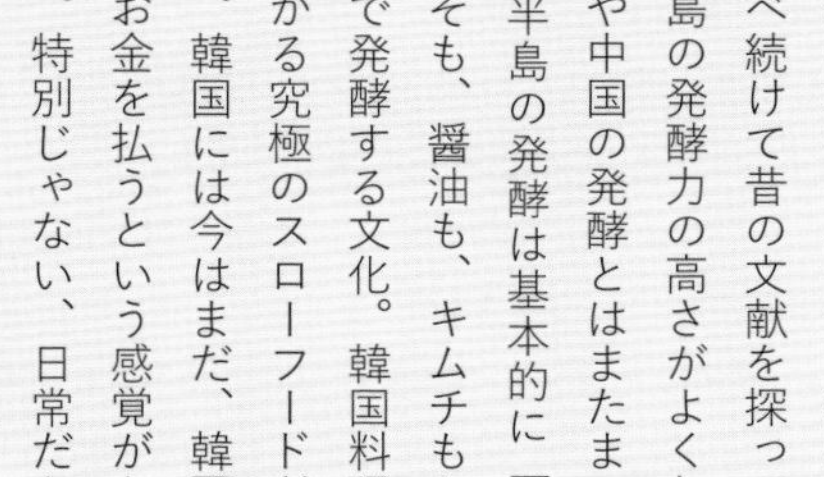

研究レポート #1

# ひとりごはんは楽しい

「CAFE 木色」(P.82)近くの粉食屋さん「ナヌミトッポッキ」にて

ソウルへはほぼ毎回ソロ旅なので、ひとりごはんのプロです。お肉や鍋のお店などは混雑時は断られたり、2人分からのオーダーが必須ということもありますが、さくっと食べられるお料理のお店なら、たいてい一人でもOK。逆にお店の方が気にかけてくれたり、思いがけない出会いがあることも。韓国語がほとんど話せない私ですが、今まで本当に困ったという経験はなく、何かあればPapago(翻訳アプリ)があるし、「好きなものを好きなときに食べられる一人万歳」と思っています。

行きやすいのは、汁ものの店。チゲやクッパ、お粥、麺。メニューがシンプルで注文しやすく、安心です。フードコートは一見行きやすい感じがしますが、家族連れでにぎわっていることが多く、私はちょっと落ち着きません。

そして朝から散々食べ歩いた日の夜は、さくっとコンビニで調達し、ホテルの部屋で食べています。選ぶものはたいてい、いつも同じで、ツナキンパ(海苔巻き)、インスタントのわかめスープ、シリアル付きのヨーグルト。お肉系のキンパは味の差が大きいので、どこのコンビニでもツナを選んでおけば間違いありません。ただ、見た目で辛そうなものは、想像以上に辛いことが多いので避けるようにしています。わかめスープは日本で食べるものよりわかめがどっさり、コクもあっておいしいのでおすすめです。

コンビニごはんはいつもツナキンパとわかめスープの組み合わせ

お店でもホテルでも、旅のときはなるべく意識して温かいものを食べることで、異国で緊張しがちな体や心をゆるめています。

# 2章 おやつ

コンビニよりもカフェが多いというソウルですが、
私の場合、一度好きになると同じカフェばかり通ってしまいます。
デコレーションに頼らない、素材の魅力が引き出されたシンプルなベイク、
おいしい酸味を知るきっかけとなったコーヒー、
美しい韓菓、もちろんあんこも。
一人、または少人数でゆっくり過ごしたいお店たちです。

갤러리카페

# 眺めのいい ギャラリーカフェ

E.N. GALLERY / 이엔갤러리

**季節を感じられる**
**美しいギャラリーカフェ**

陶芸家さんのアトリエへおじゃました際に連れていってもらったギャラリーカフェ「E.N.GALLERY」。ここでしか出会えない景色、アート、ケーキ。行くたびに胸が高鳴る場所です。'17年にオープンし、キム・ヒョンジョさんがご家族と運営されています。ヒョンジョさんのお母さんは以前ソウルの別の場所でギャラリーをされていて（現在は閉館）、平倉洞《ピョンチャンドン》に越したのを機に再びギャラリーを始めたそう。ヒョンジョさんも、幼い頃から暮らしていたイギリスのクラフト作家の作品を紹介できたら、と運営に参加。'23年にはスペースが増え、前よりさらにたっぷりと作品を楽しめるようになりました。

右上／'23年に生まれた新たな展示スペース。カフェスペースと庭を挟んで向かい合い、ここではファインアートを中心とした展示を行う　左上・左／展示スペースの最上階にはルーフトップが。平倉洞の邸宅と山が織りなす景色が美しい　右／カフェスペースでも国内外の作家による展示を定期的に開催。韓国だけでなくイギリス、日本の作家さんによる工芸品の展示販売も

展示をされる作家さんとは知人や友人を通して、またアートフェアがきっかけで出会うことも。私が初めて訪ねたときはヨーロッパのガラス作家さんの展示をされていて、普段の自分の行動範囲ではおそらく出会うことがない作品に旅のご縁を感じ、大事に抱えて帰国。今もアトリエに飾っています。

そして私はカフェのケーキのファンです。イギリスの飲食店で働いた経験のあるヒョンジョさんが作るケーキは、大きなバットに流して焼き上げる、シンプルなベイク。流行りのカフェで見かける凝ったデコレーションはありません。それまで私の知る韓国のケーキはカラフルでクリームがたっぷりで、素材感よりビジュアル重視の印象がありました。それでも果敢に新しいお店を巡る私を、友人は「も

右上／レモンケーキ、ハンドドリップコーヒー各W9000。提供するケーキはその日によってさまざま　右／りんごケーキW1万　左上／キム・ヒョンジョさん。ケーキは「料理をするというより組み立てるような感覚で作っている」という言葉が印象的だった

ういいんじゃない？」と笑うほど。ヒョンジョさんが作るケーキは、ソウルでやっと出会えた自分好みの味。特にレモンケーキは今まで食べたどのお店よりも好きです。ほどよくふんわりした生地は口溶けがよく、しゃりっとしたレモングレーズの酸味が心地よく広がります。イギリスから仕入れているという紅茶とぴったりで、大ぶりなのにすっと食べてしまうのです。「できるだけよい材料でシンプルに作る」という考えも、私のお菓子作りとも重なるようでうれしかったです。

　コーヒーは韓国の有名なロースタリー「COFFEE LIBRE」のもの。「イギリスから帰国した頃に出会ったLIBREは、当時としては珍しい、酸味を感じられるコーヒーでした。そういうコーヒーを飲めるお店が少なか

# E.N. GALLERY

이엔갤러리／イエンゲルロリ

地 P.157 A-1別図
住 鍾路区平倉キル224／종로구 평창길 224
電 0507-1414-1168
営 12:00～18:00
休 月曜
交 地下鉄3号線景福宮駅からタクシーで15分
engallery.kr

ったことも、LIBREを選んだ理由です。毎週ロースティングする豆が変わるので面白いし、飽きがこなくてお客さんにも評判がよく、ずっと使い続けています。ただ韓国では、年配の方たちにはあまり好まれないタイプかもしれません」と笑うヒョンジョさん。私はソウルを訪れるようになり、以前よりコーヒーを飲む機会が増えました。それまでアメリカーノのよさがさっぱりわからなかった私が、今では迷うことなくオーダーしています。酸味を感じるコーヒーも、ある時ふっとつかめるようになるものなのかもしれません。

　ギャラリーは山の上にあるので、タクシーで行くのがおすすめ。ゆっくりと時間をとって、お茶しながら、周りを散策しながら、季節によって表情を変える景色を楽しんでください。

전통차

# 伝統茶

ミンソク茶店 / 민속찻집

## 市場からみんなを支える栄養たっぷりの伝統茶

韓国の伝統茶は、茶葉や豆のお茶のほか、ゆず茶のように果物の砂糖漬けにお湯を注ぐものや、韓方材を使うものも。古くから伝わる暮らしの知恵と栄養がぎゅっと詰まった、飲んで体を癒すようなお茶たちです。

「ミンソク茶店」はそんな伝統茶の専門店。オープンから約38年、ずっと南大門市場（P113）で営業を続けてきました。お店は食堂がずらりと並ぶ細い路地にあり、一歩入ると漢方を煎じたような香りがふわりとたち込めます。「いらっしゃい！」と元気よく迎えてくれるのは店主のキム・ジェスクさん。約8年前に創業からともにしてきたお姑さんが引退し、2代目として店を継ぎました。お客さんは周辺に勤める会社員が中心で、お昼時になると3階まである席がいっぱいに。20〜30代の若い常連さんも多く「コーヒーよりもこれがいい」と毎日のように飲みに来るそうです。

材料は京東市場（P100）から仕入れ、すべてお店で手作り。先代の教えを守り、大量の仕込みを全部お一人でされています。なかでも特に手がかかるのがお店の〝顔〟である十全大補湯《シッチョンデボタン》。約10種の材料を煮出し、疲労回復や風邪に効くとされる韓方茶です。こちらで使うのは当帰、芍薬、桂皮、黄耆《おうぎ》、陳皮、葛根、甘草、百朮《びゃくじゅつ》など。弱火でじっくり、前日から7〜8時間かけて煎じます。本来は高麗人参も使うものですが、「体質に合わない人もいるから」と、代わりにしょうがをたっぷり。煎じるときに香りが飛んでしまうため、当日の朝、ナツメの抽出液とともにもう一度加えてさらに3時間ほど煮出します。カリカリのくるみやナツメがたっぷりでとろりと濃厚。ちびちび飲み終える頃には、体が芯から温まるのを感じます。活気のある市場の中でここだけは時間の流れが違い、なんだかオアシスのよう。ゆっくりお茶を味わっていると、すごく静かな気持ちになれます。

### ミンソク茶店

민속찻집／ミンソッチャッチッ

地 P.157 C-1
住 中区南大門市場キル22-14／중구 남대문시장길 22−14
電 02-778-7772
営 9:00〜19:00
休 日曜
交 地下鉄4号線会賢駅5番出口から徒歩3分

上／苦味の中にナツメのやさしい甘味がある十全大補湯W7000。提供前に器にくるみや乾燥ナツメなどを入れお茶を注ぐ　下／3階の様子。最初は雨乃日珈琲店(P.80)の亜沙子さんが「きっとお好きでは」と連れて来てくれた　右上／爽やかなオミジャ茶W6000もおすすめ

로스터리카페

# ロースター＆カフェ

MANUFACT COFFEE ROASTERS 延禧本店 /
매뉴팩트커피 연희본점

## 韓国のコーヒーの世界を教えてくれたカフェ

延禧洞《ヨニドン》は弘大から少し歩いたところにあり、個性的なカフェやおいしいキンパ屋さん、セレクトが尖ったスーパーもあったり、街歩きが楽しいエリア。友人のソリちゃんが、私の好きなコーヒー屋さんだよと教えてくれたのが「MANUFACT COFFEE ROASTERS」です。

こちらでは、たいていのお客さんは一人（または二人）でコーヒーを飲みに来て、さっと帰っていきます。おしゃべりをする場所というよりは、コーヒーを飲んでスイッチを切り替えるような。ソリちゃんも仕込みの合間に立ち寄ることが多いそうです。コーヒーを淹れているスペースと客席に壁がないので、スタッフさんとお客さんで作ら

左上／ハンドドリップコーヒーW6000。数種類の豆から選ぶことができ、この日はお気に入りの「ポール・ゴーギャン」をセレクト。名前の由来は、常連客が試作の一杯を飲み「頭の中にポール・ゴーギャンの絵が浮かぶ」と評したことから
左／オーナーのキム・ジョンピルさんとキム・ジョンジンさん。お話ししていると共感する点がたびたびあり、「国は違うけれど、同じくらいお店を続けてきたからこそ感じるものがあるのかもしれない」と思った

れる空気が心地よく感じます。

それまで私は、軽めのアメリカーノが好まれるのが韓国で、日本は深めのハンドドリップというイメージがありました。私がアメリカーノを飲みたいと思うようになるのは、渡韓し始めて数年が経ってから。最初は少し物足りなさを感じていたのが、ある時これはハンドドリップのような感覚で飲むものではないんだと（やっと）気づきます。「アメリカーノはリズムを楽しむコーヒーかも」と腑に落ちて、必死にハンドドリップを探すことはなくなりました。もちろんアメリカーノだけではなく、韓国ではさまざまなコーヒーを楽しむことができます。まだ入口をうろうろする私にその魅力を教えてくれたのが「MANUFACT COFFEE ROASTERS」です。

お店はご兄弟で'13年にオープ

ン。最初は弟のキム・ジョンジンさんがアルバイトでコーヒーの仕事をするようになり、お兄さんのキム・ジョンピルさんもその影響で興味を持つようになったのだとか。現在は坡州《パジュ》にロースタリーがあり、延禧洞と聖《ソン》水《ス》、河南《ハナム》に店舗があります。

私はお店のハウスブレンド「ポール・ゴーギャン」がとても好きで、日本へおみやげを買うときは、この豆を選びます。「ブレンドは産地を2つほどまぜるのが一般的です。それ以上まぜると味のコントロールが難しくなり、クオリティ面においても変動が生じやすいためです。ただゴーギャンは最初から5～6つほどブレンドして作りました。いろいろなコーヒーの産地の中でバランスを探ってみようと。現在も5つの国、産地としては7カ所ほどの豆をブレンドして作っています。どの国から来たお客さんが飲んでも、自分の国のコーヒーの味がすると感じてもらえるように」と話すお二人。

だからでしょうか。初めて飲んだとき、日本で飲んでいるような不思議な感覚がしました。そして今まで飲んだ韓国のコーヒーは、この軽さになったときに酸味を感じやすかったのですが、それがありません。「酸味がないわけではなく、バランスが取れているんだと思います。酸味があることで、苦さ、甘さ、しょっぱさも引き立て合い、全体として調和されます」と教えてもらいました。

もう一つのお気に入りはフラットホワイト。唇にあたる体温に近い温かさと、とろりとした口当たり。甘くないのにまるで

オーナーのお二人によると通常、韓国で濃いめのエスプレッソを抽出する場合、豆1に対して抽出量は2という比率になるというが、こちらのフラットホワイトは1に対して0.7～0.8。抽出量を少なく、濃くすることで引き出したい味と香りだけをキャッチしている

デザートのような満足感があります。「エスプレッソが際立つローストと抽出の割合を考えて作っています。一般的なものより水の比率を減らし、ミルクと、濃く抽出したコーヒーを合わせるようにしています」。お二人と話していると、その味にするための方式がしっかりとあり、なんだか特別な授業を受けているよう。お菓子のレシピ作りにもどこか似たものを感じます。

「韓国のコーヒーはスターバックスを通して大衆化した背景があるので、今まではアメリカーノや、シロップ、ミルクが入ったドリンクが中心だったんです。僕たちがコーヒーを始めた頃からエスプレッソやシングルオリジンに対する関心も高まってきて、今後は消費者が楽しむコーヒーの種類も、より本質的な部分に近づいていくのではと思っています」。これからどんなコーヒーに出会えるか、とても楽しみです。

## MANUFACT COFFEE ROASTERS 延禧本店

매뉴팩트커피 연희본점／メニュペクトゥコピ ヨニ ポンジョム

地 P.157 B-1
住 西大門区延禧路11キル29 2F／서대문구 연희로11길 29 2층
電 02-6406-8777
営 9:00～18:00
休 日曜
交 地下鉄2号線、空港鉄道、京義・中央線 弘大入口駅3番出口から徒歩21分
manufactcoffee

エスプレッソにフォームミルクを合わせたフラットホワイトW5000。本場のオーストラリアではホットが主流だが、韓国のお客さんの好みに合わせてアイスで提供

パッピンスW1万1000。器にミルク氷を半分ほど削ったら、あずきをのせ、その上にさらに氷を削って盛り付ける。最後にあずきと生栗をたっぷりトッピングして完成

# かき氷とおしるこ

チャンッコバン / 장꼬방

## 生栗の食感が楽しい あずきのかき氷

　真夏のソウルはとても暑く、江南《カンナム》で友人とごはんを食べたあと、「ピンス（かき氷）食べたいね〜」と検索して偶然見つけた「チャンッコバン」。パッピンス（あずきのかき氷）にこんもりと盛られた生栗のトッピングが忘れられないおいしさで、以来通うようになりました。店に入ってまず目に入るのが大きな釜。ここでたくさんのあずきが炊かれています。お目当てのパッピンスは、真鍮の器にふわふわのキメ細やかなミルク氷とたっぷりのあずき、生栗。あずきはちょうどよい甘さに煮上げられ、ほんのりと感じる塩加減も好みです。韓国のあずきは日本に比べると甘さが少し控えめで、でんぷんでとろみをつけているお店が多いのですが、こちらはちょうどよい甘さとやわらかさ。もたつかずに氷と一緒に口の中ですっと溶けていきます。

　そしてこの生栗こそ、私がお店にまた行きたくなる一番の理由です。日本では生栗を食べる習慣がほとんどないので「マルシェ@」（P118）で初めて出会ったときはびっくりしましたが、産地や貯蔵方法などによってはアクが強く食べにくいものもあり、どこでもおいしいわけではありません。「チャンッコバン」

忠清南道の公州と扶余は韓国でも有名な栗の産地。おしるこ用の火を通したものはホクホクと甘く、ピンス用の生のものもぽりぽりとした食感が楽しい

おしるこ、タンパッチュッW9000。もちもちのお餅入り。お餅には江華島（カンファド）を中心とした韓国各地から仕入れるもち米を使用している

で使われている公州《コンジュ》と扶余《プヨ》の栗は、まったくエグみを感じず、ぽりぽりとした食感がナッツのよう。ピンスのアクセントとして、最後まで飽きずにおいしくいただけます。

もう一つ、肌寒い日にはおしるこもおすすめです。おしるこのあんこは、下煮したあずきの一部をミキサーにかけ、でんぷんを加えてとろみをつけていて、やさしい色からもわかる、控えめな甘さ。ごろごろと大ぶりのゆで栗や松の実、ナツメ、お餅、シナモンがトッピングされています。お餅だけでなく具だくさんなのが韓国のおしるこの特徴で、甘味というよりは、体を整える食事のよう。シナモンは少し好みが分かれるかもしれないので、最初に全体をまぜず、少しずつ食べ合わせてみるのがおすすめです。

「常連さんはすぐ味の違いに気づくので、変わらない味を提供するために季節によって微調整を重ねている」とお店のみなさん。いつ行ってもあのあずきが食べられるというのは、何と頼もしいことでしょう。

## チャンッコバン

장꼬방／チャンッコバン

地 P.156 D-3
住 瑞草区江南大路61キル27 1F／서초구 강남대로61길 27 1층
電 02-597-5511
営 9:00～22:00(LO21:15)
休 無休
交 地下鉄2号線、新盆唐線江南駅10番出口から徒歩5分
jangkkobang_

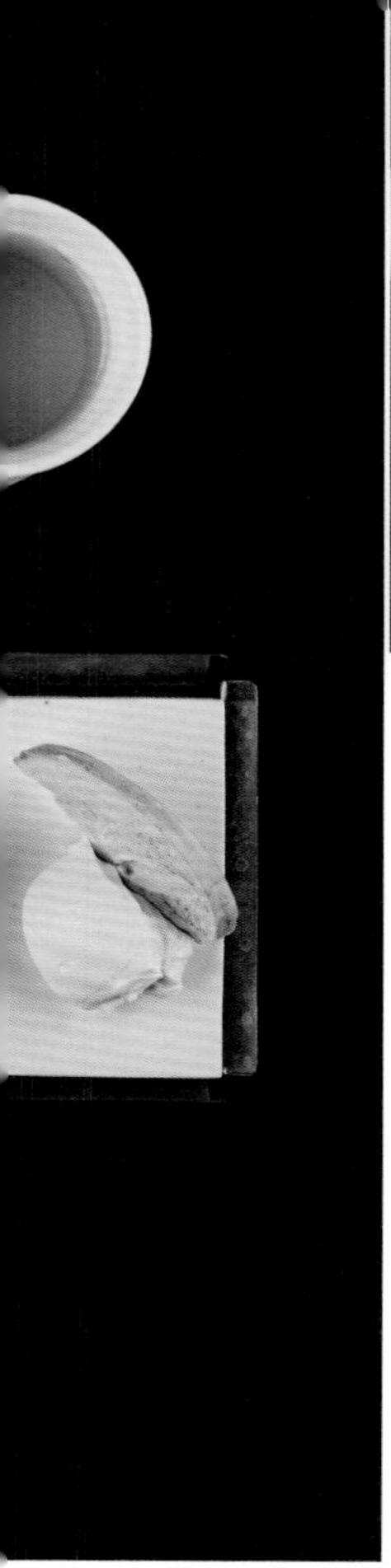

한과카페

# 韓菓カフェ

合 苑西店 / 합 원서점

## 韓菓《ハングァ》を焼菓子で表現 新しくモダンな伝統菓子

韓国の友人たちに伝統菓子のおいしいお店を尋ねると、まず名前が上がる「合《ハプ》」。おみやげにチュアッというお菓子をいただき、ぷちゅっとした不思議な食感と発酵した生地のおいしさに、お店にも伺うようになりました。「合」のお菓子を一言で表すと、モダン。見た目も味もすごく洗練されていますが、手作りの温かさはしっかりお菓子に残っているのを感じます。

シェフのシン・ヨンイルさんの経歴からその理由がわかりました。韓国の餅菓子店に勤めたあとフランスの「エコール・ル・ノートル」で製菓を学び、駐スイス韓国大使館や韓国のモダンキュイジーヌレストランを経て、こちらを開業されたそう。

「昔はオーブンのような道具がなかったので、韓菓（韓国の伝統菓子）には焼菓子がないんです。たとえば油で揚げる薬菓《ヤックァ》は時間が経つと油特有の匂いが出てしまうので、揚げずにオーブンで焼くなど、焼菓子の韓菓という新しいジャンルを作ることに挑戦しています。一般的には蜜で固める茶食《タシク》もオーブンで焼いたり、今も種類を増やしているところです」とヨンイルさん。私も薬菓をオーブンで作れないか考えていたので共感とともに、常に新しい作り方を研究しているヨンイルさんの探求心に感嘆しました。

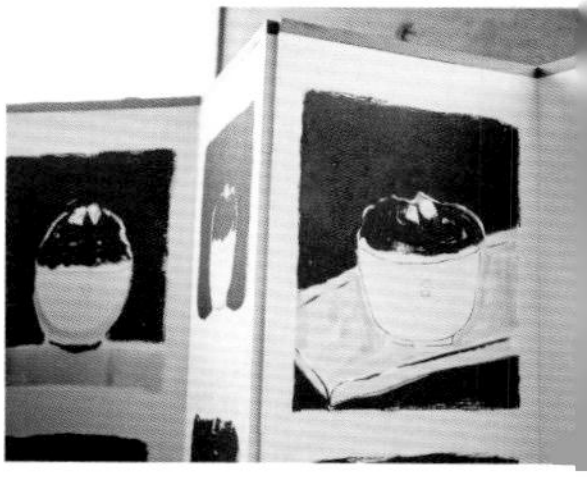

夏季限定のパッピンス（あずきかき氷）もこだわりが光ります。練乳と氷の層の上にはたっぷりのあずき。食べ進めていくと最後に柚子の砂糖漬けに行き当たり、爽やかさとほろ苦い風味が余韻を残します。夏はパッピンスをお店でいただいて、お菓子は持ち帰ってホテルで食べたり、おみやげにしたり。チュアッのようなお餅類は消費期限が1〜2日ですが、薬菓は1週間、茶食は2週間ほど持つので、おみやげにすると喜ばれます。

一つ一つのお菓子が美しく織

店内飲食は基本的にセットメニューのみ。日替わり菓子と選べるドリンクのセットW1万5000。写真は2人前程度の量を合わせたもので、通常は3種類ほどの韓菓が提供される。この日は左から蒸し餅のチュンピョン、白餡入りのお餅・パラムトッ、唐辛子の花の漬物、もち米の生地を揚げて蜜に漬けたチュアッ、黒ごまと蜜をまぜた生地を焼いた茶食、ほろりとした薬菓。マスカルポーネチーズ入りクリームと干し柿を添えて

細で、上品な味わい。洋風のニュアンスも魅力的で、「合」を訪れるたびに韓国の伝統菓子の可能性に驚かされます。

## 合《ハブ》苑《ウォン》西《ソ》店

합 원서점／ハプ ウォンソジョム

地 P.157 C-1
住 鍾路区栗谷路83 アラリオミュージアム新館2F／종로구 율곡로 83 아라리오뮤지엄 신관2층
電 010-5027-8190
営 12:00～18:00(LO17:00)
休 月・火曜
交 地下鉄3号線安国駅2番出口から徒歩2分
haap2010

오래된 카페

# 老舗喫茶

学林茶房 / 학림다방

大きく取られた窓から大学路の街並みを眺めることができる。自家焙煎のロイヤルブレンドコーヒーW9000は酸味と苦味のバランスがよく、飲みやすい

## 話し足りない夜は学林茶房でコーヒーを

ソウルにはおしゃれなカフェがたくさんあるけれど、昔からある「喫茶店」のような場所があれば行ってみたいと思っていました。エスプレッソマシンで淹れるコーヒーではなく、ハンドドリップのコーヒーが似合うような場所。友人の働くお店の近くにそんな〝茶房《タバン》〟があると教えてもらい、足を運びました。

大学路《テハンノ》に「学林茶房《ハンニムタバン》」が開業したのは50年代。近くにあったソウル大学のキャンパスが'75年に移転するまで、ソウル大生いきつけの喫茶店であり、その後も知識人や芸術家たちのコミュニケーションの場でした。コーヒーロースターを導入したのはまだインスタントコーヒーが主流だった80年代後半。理想のコ右上／日本ではなかなか飲む機会がなくなったウィンナーコーヒーW6500も、こちらでは頼みたくなる。お腹がいっぱいだけど、少しだけ甘いものをという気分のときにいい　右下／レジの後ろにレコード棚が。注文は先払いで、できあがったら席まで持ってきてくれる　下／趣のある店内は、映画やドラマのロケでよく利用されているそう。実際、そんな風景を何度か見かけた

オリジナルのドリップバッグ1個W1500、1BOX(7個入り)W1万。中深煎りでおいしい。ホテルで飲んだり、おみやげにも

## 学林茶房《ハンニムタバン》

학림다방／ハンニムタバン

地 P.156 D-1
住 鍾路区大学路119, 2F／종로구 대학로 119, 2층
電 02-742-2877
営 10:00〜23:00(LO22:00)
休 無休
交 地下鉄4号線恵化駅3番出口から徒歩1分
hakrim_coffee

ーヒーを提供するため生豆の選別から焙煎、粉砕、ハンドドリップを行い、こだわりの一杯を追求してきたといいます。

大きな道路に面した階段を上り中に入ると、外の喧騒とは無縁の空間が広がっています。壁にはびっしりと並ぶクラシックのレコード。調度品一つ一つが歴史を感じさせ、ひとテーブルごとの間隔はゆったりめ。ソファの座り心地もよく、広いけれど籠れて、まるで昔の純喫茶にいるような感覚になります。

夜ごはんを食べたあと、話し足りない友人と私はここでゆっくりとコーヒーを飲みながら、おしゃべりを続けます。早い時間なら、一人で来て本を読むことも。国も時代も超えて、ここにいる間だけ、自分が学生に戻ったような気持ちになれる場所です。

## 日韓のあんこを知る〝パッティシエ〟のお店

韓国語で「あずきの粒で」を意味するパッアルロ、そして韓国語のパッ（あずき）とフランス語の allo（もしもし）を組み合わせた、素敵な名前のあずき菓子店「POT.ALLO《パッアロ》」。伝統菓子とは違うあずきの使い方に興味があり、あんこ好きとしてはぜひ行ってみたいと思っていました。

パッ（あずき）にちなんで自身を〝パッティシエ〟と称するソン・ミンジさんが、こちらを開店したのは'21年のこと。日本で和菓子を学び、日本の菓子店で働いた経験もあるミンジさんは、韓国でも伝統的な素材であるあずきを幅広い年代の人に届けたいと考えていました。「韓国では冬至にあずき粥を食

# あずきのおやつ

POT.ALLO / 팥알로

팥디저트

3〜11月頃販売のパッピンス W1万5000。12〜3月頃はパッチュッ（おしるこ）を販売していて、あずきはエンドゥパッというおしるこに合う韓国の在来種を使用。韓国のおしるこはでんぷんを加えたものが一般的だが、入れずに自然のとろみのみだそう。冬にもぜひ訪ねたい

べる風習がありますが、今の若者はあずきを食べる機会があまりありません。若い人にも好まれるお菓子になるよう研究しました」。

多彩なあずき菓子の中で、特に感動したのがパッピンス（あずきかき氷）。上からサブレ、炒り大豆、あんこ、自家製練乳、氷、中には五味子（オミジャ）ゼリーが隠れていて、パフェのように組み立てられています。

あんぱんも秀逸で、マッコリで発酵させた米粉入りの生地は酒種生地特有のいい香り。ミンジさんは幼い頃からあんぱんが好きだったそうで、日本でも韓国でもソウルフードなんだなあと、あんこでつながっていることがうれしかったです。

「あんこはいい豆を使って丁寧に作ることが大事。作る人によって味が変わります」とミンジさん。あんこをお店で一から炊いていると聞いて驚きました。手間がかかるので、日本の和菓子屋さんはあんこを仕入れているところも多いのです。糖度は日本のものより抑えめで、その理由も興味深いものでした。「日本はあんこに甘くない緑茶や抹茶を合わせますが、韓国の伝統茶は甘い柚子茶やナツメ茶。それでお茶請けのあんこは甘みが少ないんだと思います」。日本と韓国、両方を知るミンジさんだからこそその細やかなこだわりを感じるおやつたちです。

上／お店で使う３種の国産あずき（左からヒングスル、ヒンナレ、アラリ）のあんこ。韓国でも白いあずきは貴重で、農家と契約して仕入れている。韓国のあずきは大粒だが大納言より小さく、皮が薄くて破れやすいそう。そのぶんやわらかくて食べやすい　下／チャンチあんぱん₩3000。お祝いに欠かせないチャンチグクス（にゅうめん）のように、素朴だが存在感のあるパンという意味で名付けられた

## POT.ALLO《パッアロ》

팥알로／パッ アロ

地 P.156 D-2
住 龍山区読書堂路65-3, 101-3号／용산구 독서당로 65-3, 101-3호
電 02-790-1013
営 11:00～20:00、土曜～19:00
休 日曜
交 地下鉄6号線漢江鎮駅2番出口から徒歩19分
pot.allo

커피와 음악

# コーヒーと音楽

雨乃日珈琲店 / 아메노히커피점

## ずっと変わらない弘大の喫茶店

初めてのソウルで訪ねた「雨乃日珈琲店」。共通の知人も多く、韓国で出会う素敵な方はみんな雨乃日さんにつながります。レシピ本が韓国で出版されたときはお菓子のワークショップをしたり、渡韓した際は一緒にごはんを食べたり。私にとって大切なソウルのご近所さんです。

店主の清水博之さんと池多亜沙子さんは「人とつながれる場所、展示やライブなどができる空間を持ちたい」と考えて、'10年、弘大《ホンデ》にお店をオープンしました。これまで店内でのライブは60回以上、作家さんの個展もたびたび開かれています。

清水さんは執筆業を、亜沙子さんは書家として活動しながら、お店を続けています。「最初は

ブレンドコーヒー W6500、人気の抹茶ガトーショコラ W7000。コーヒーは石川県珠洲市の二三味珈琲や蔚山（ウルサン）のアナカフェで焙煎された豆を使用している

3年くらい全然人が来なかったんです」と清水さん。徐々にお客さんも増え、お店の雰囲気も変わってきたそう。お客さんは10年以上の常連さんもいれば、ふらっと入ってくる人も。音楽が好きなお客さんも多く、時には男性客だけで埋まることもあるそうです。

「いろいろな年代の人が来てくれる、街の喫茶店になってきたのかもしれませんね」と話す亜沙子さん。二人でコーヒーを淹れ、自分たちが食べたいケーキがメニューとして登場します。雨乃日さんだと、一人で過ごすのが心地いい。それはきっと、流れる音楽と、お二人のちょうどよい距離感があるからだと思います。ここだけは変わらないねと言われることに、「街の景色になりたい、好きな街に溶け込みたいと思っていたのでうれしかったんです。これからも変わらずにいたい」と亜沙子さん。変わるのは簡単だけど、変わらないのは難しい。そのためのご苦労はきっとたくさんあるはずだけど、お二人はいつも飄々と、コーヒーを淹れているのです。

## 雨乃日珈琲店

아메노히커피점／アメノヒコピジョム

地 P.157 B-2
住 麻浦区臥牛山路168シャルロムビル／마포구 와우산로 168 샬롬빌딩
電 070-4202-5347
営 金～月曜13:00～20:00
休 火～木曜
交 地下鉄2号線、空港鉄道、京義・中央線 弘大入口駅6番出口から徒歩4分
amenohicoffee

プリン W5000。しっかり苦めのカラメルがうれしい

店には日韓の古道具や、お店でライブをしたアーティストの CD などが置かれている

구움과자

# 焼菓子を楽しむカフェ

CAFE 木色 / 카페 키이로

## 居心地のよい木の空間と季節を感じるデザート

劇場や学校が周りに多く、季節で変わる街の表情がとても素敵な大学路。その一角にかわいいカフェがあると、知り合いに連れていってもらった「ＣＡＦＥ木色」。黄色ではなく木色。木の雰囲気が好きな店主のキム・ソリさんが考えた言葉です。

温かみのある木目調の店内では、焼菓子とコーヒーがビンテージの器でサーブされ、ゆっくりと甘い時間を過ごすことができます。ソリさんとは、お店を訪ねたことがきっかけで親しくなり、以来ポップアップイベントをしたり、おいしいものを食べにいったり（流行りの食べものにはあまり興味がないところも似ていて）。尊敬する同業者の友人として長くお付き合いしています。

ソリさんは大学の途中、好きなことをやりたいと製菓の道へ。専門学校で学んだあとに数店舗で経験を積み、日本のお店でも一年間働きました。帰国後に今の場所で作業場を兼ねて不定期のカフェを開いたところ、瞬く間にＳＮＳで話題となり、’17年、まだ20代半ばで「ＣＡＦＥ木色」をオープンすることになったそうです。

内装やお菓子には、どこか日本の喫茶店のような雰囲気が感じられます。私が韓国のガイドブックでこちらを紹介したいと思ったのは、日本でもこんなにおいしい焼菓子のお店はなかなかないから。勉強熱心で努力を惜しまない彼女の作るお菓子をたくさんの方に知ってほしいと思ったのです。「おいしいデザートを作ることはもちろん、伝え方も大事。ホスピタリティをもってお客さんをお迎えして、きちんとそのお菓子の食べ方について説明するようにしています」。そう話すソリさんの表情に、作るお菓子への愛情を感じました。

### CAFE 木色

카페 키이로／カペ キイロ

地 P.157 C-1
住 鍾路区昌慶宮路26キル41-3, 2F／종로구 창경궁로26길 41-3, 2층
電 02-747-0848
営 12:00～20:00(LO19:30)
休 月・火・水曜
交 地下鉄4号線恵化駅3番出口から徒歩3分
ki___iro

木色のバタートーストW6500。弘済洞（ホンジェドン）のベーカリー「EVERY CORNER BITE」の厚切り食パンを使用。あんこ追加W500

一番人気の栗のモンブランW8500は10月初旬〜12月末の季節限定。栗の名産地として有名な忠清南道・公州（コンジュ）の栗を使っている。ポイントはマロンクリームを甘くしすぎないこと

右上／ハンドドリップ（ホット）W6000、タルトタタンW7500　右下／店主のキム・ソリさん。彼女の味覚を信頼していて、この本に登場するお店もソリさんから教えてもらったところが多い

아이스크림앤케이크

# アイスもケーキも

Cafe MAA / 카페 마

9月中旬～11月頭頃の秋限定メニュー、Fig Melba W1万500。ディルとフェンネルシードのアイスにイチジクの葉のオイルとセサミをオン。ベースには洋梨のソルベにハイビスカス、ピスタチオ、アーモンドクランブル。中に生のイチジクの果実が入っている

## 足されるほどに研ぎ澄まされる味

コロナ禍のあと、ようやく韓国に行けるようになったときに友人たちが口々にすすめてくれたのが「OLEMUS」でした。店名はフィンランド語で「本質」を意味し、旬の素材を使ったスイーツの小さなカフェ。「テイクアウトもできるけど、店内で食べて！」と友人に念押しされ、お店でピスタチオとアプリコットのソフトクリームをいただきました。細やかに計算された素材の組み立て方がすばらしく、正直、ここまで繊細なデザートを韓国で食べたのは初めてでした。これは店主さんがイメージする完璧な状態で味わうべきだと、その後もイートインで何度か足を運んだのでした。

そんな「OLEMUS」が一時

# Cafe MAA《マー》

카페 마／カペ マ

地 P.157 A-1
住 西大門区延禧路11カキル48-10／
서대문구 연희로11가길 48-10
電 なし
営 11:30〜19:00(LO18:00)
休 無休
交 地下鉄2号線、空港鉄道、京義・中央線
弘大入口駅3番出口から徒歩22分
kaunis.maa

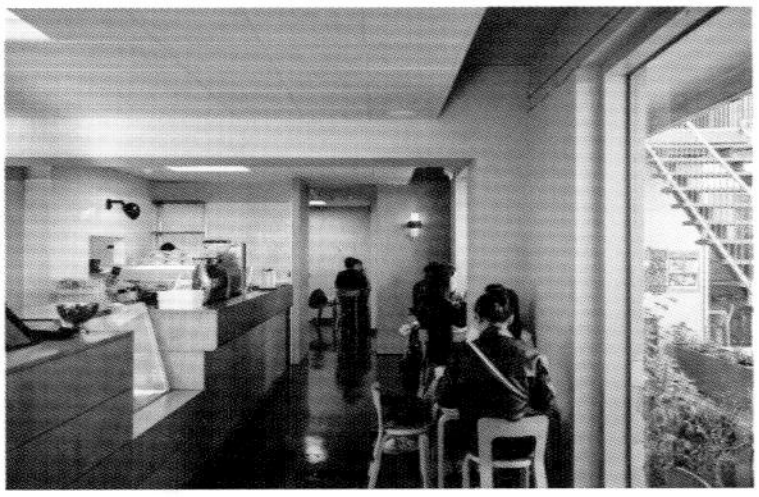

Sachertorte Ricard PASTIS W8500。チョコレート生地の間にはアンズジャム。パスティスというリキュールのアルコール分を飛ばしてシロップを作り、香りをつけている

休業し、'23年8月に新たにオープンしたのが2号店の「Cafe MAA《マー》」です。こちらの店名はフィンランド語で「地球」という意味。季節によって食べられるスイーツは変わりますが、「OLEMUS」でも人気だったおいしいアイスクリームやソフトクリームのメニューも提供しています。ザッハトルテも特徴的で、まずは美しいプレーティングに引き込まれます。やわらかなフォンダンとチョコレート生地の組み合わせはすっと軽くて、とろけるような一体感を持ち、食べ終えるのが惜しいほど。「Cafe MAA」のスイーツは技術はもちろんですが、ほかにはない独自の感性を感じます。次に訪ねたときはどんなアイスやケーキに出会えるのか、今からわくわくしています。

カムテキャラメル＆季節限定のすだちソルベW7000。コーンかカップか選べ、フレーバー2種の場合はW7000～8000。カムテキャラメルは上にもカムテの粉末がかかっている

# 韓国素材のジェラート

ZENZERO 島山 / 젠제로 도산

젤라또

左／スタイリッシュな店内。こちらは支店で、本店は江南区庁駅近くにある　右／栗ハチミツとゴルゴンゾーラ＆秋限定のイチジクの葉W8000。友達におすすめのフレーバーを聞くと、答えは「全部」。それくらいどのフレーバーも魅力的

## 組み合わせが絶妙な季節を楽しむジェラート

狎鷗亭《アックジョン》のギャラリーに行ったあと「近くに韓国の食材を使ったジェラート屋さんがあるよ!」と友人に教えてもらった「ZENZERO」。元キュレーターのオーナー、クォン・ジョンへさんがイタリアで学んだあと、研究を重ねてオープンしたお店です。店名はイタリア語で「しょうが」。個性は強いけれど、ほかの材料とうまく調和して味を引き出してくれるしょうがが好きで、そんな味を作っていけたらと名付けたそう。フレーバーは常時10種ほど。「料理のようなジェラート」というジョンへさんの言葉通り、素材の組み合わせがとても楽しいのです。

　私が一番好きなのはカムテキャラメル。甘さと一緒に塩味や旨み、コクを感じられる材料が好きというジョンへさんが考えた、絶品のフレーバーです。カムテは「カジメ」という海苔に似た海藻で、やわらかな磯の風味があり、普段はお料理で使われるもの。忠清南道・瑞山《ソサン》のカムテを粉末にしてジェラートに練り込んでいます。コクのあるキャラメル味とカムテの風味にほんのり塩が効いていて、甘じょっぱさがたまりません。

「ZENZERO」のジェラートに共通するのは、素材そのままの味ではないということ。細やかな工夫が重なっていて奥行きがあり、アートのような余韻を残します。「最近の若い方は自然な物よりインスタントや加工食品を食べることが多いので、私たちのジェラートで季節を感じてほしい」。ジョンへさんの想いは、きっと伝わっていますね。

### ZENZERO 島山《トサン》

젠제로 도산／ジェンジェロ トサン

地 P.156 D-2
住 江南区島山大路45キル18-2, B1F／강남구 도산대로45길 18-2 지하1층
電 0507-1447-1416
営 12:00～21:30（LO）
休 無休
交 水仁・盆唐線狎鷗亭ロデオ駅5番出口から徒歩10分
zenzero.seoul

麦の品種は慶尚南道・晋州（チンジュ）の在来種アンジュンキ麦や、ヨンジェさんの故郷の忠清北道・陰城（ウムソン）でご家族が栽培されている穀雨ライ麦など。パン向けではない品種をどのように使えばいいのか研究を重ねたそう

국산밀빵

# 国産小麦のパン

O.W.N / 오더블유엔

## 粉の香りに癒される 365日食べたいパン

初めてソウルでお菓子教室を開いたとき、できるだけ韓国産の材料で作りたかったのですが、そろえるのが難しかった記憶があります。自分自身が国産小麦でお菓子を作ってきたこともあり、韓国でもそんなお菓子やパンを買えるようになるといいなと思っていました。

「O.W.N」は'22年にオープン。まだ韓国でもめずらしい、全種100％国産麦で作るパンを味わえるお店です。天然酵母とイーストを使い分けて作るパンはハード系はもちろん、小さなお子さんでも食べやすいやわらかなパンもあり、カフェでは作りたての野菜たっぷりのサンドイッチがいただけます。クロワッサンは一般的なものよりもパリ

左上／日差しが気持ちのいいカフェスペースもある　左下／バゲットサンドイッチW6000、五味子（オミジャ）茶W4300。サンドイッチはパンを選択できる。できるだけ国産を使いたいと、野菜やハム、ジャムは韓国産

ッと弾力があり、豊かなバターの風味が広がります。

店主のパン・ヨンジェさんは、最初は卸し専門のパン工場として、'10年に「The Velo」をスタートしました。当時は輸入小麦を使っていましたが、韓国は小麦の自給率がとても低いことを知り（政府の補助が中止されていた背景もあり）、関心を持つ人が少ないことを残念に思い、国産小麦でパンを作るようになったそうです。その後さらなる開発の場として、また国産小麦のパンを学んだスタッフが、独立する前に経験できる場があればと「O.W.N」をオープンしました。国産小麦の存在を知ってもらうために、お店を続けながら最近まで大学院にも通い、研究を続けてきたヨンジェさん。「いつか国産小麦で給食用のパンを作るのが夢です。そうすれば子どもたちが大きくなったとき、国産小麦のパンの消費者になってくれますよね」。少し離れた立地ですが、パン好きの方にはぜひ訪ねてみてほしいお店。いろんな種類を選ぶなら、お早目に行ってみてくださいね。

## O.W.N

오더블유엔／オドブリュエン

地 P.156 E-3
住 江南区論峴路74 1F／강남구 논현로 74 1층
電 070-7672-7474
営 11:00〜19:00
休 日曜
交 新盆唐線良才市民の森駅2番出口から徒歩17分
own.bread

INTERVIEW COLUMN #2

# パンドーロがつなぐ「人」

Cafe Onion 安国 / 어니언 안국

## 心とお腹が温まる「人」がすばらしい人気店

安国《アングク》駅から地上に出てすぐ、「Onion」の看板を目印に大きな韓屋の門をくぐると、その広さとにぎわいに圧倒されます。朝も夜も途切れることのないお客さん。渡韓した方も、これから行く方も、きっとリストに入っているであろう、ソウルを代表するカフェです。いくつか店舗があるなか、私がよくおじゃまするのは安国店。お店の前の道路から遠くに山を見渡せる街並みが好きです。そして、「Cafe Onion」のシグネチャーともいえるのがパンドーロ。イタリア生まれの発酵菓子です。雪山を思わせる印象的なたたずまい、たっぷりの粉糖にさぞ甘いのかなと思いきや、生地自体の甘さが控えめでふわっと軽やか。大きく崩しながらお砂糖を適度にまとわせ食べていくと、あっという間に平らげてしまいます。

工場や郵便局、市場のお店、韓屋など、どの店舗も韓国らしい建物を改装した風情ある雰囲気。見た目も楽しいパンと、おい

手前から、パンドーロW6000、アイスアメリカーノW5500。おそらく私がパンドーロを初めて食べたのも「Cafe Onion」。いつもたっぷりのアメリカーノと一緒に楽しんでいる

しいコーヒー。人気の理由はたくさんありますが、私は「人」もその一つだと思っています。日中の行列が絶えない時間帯も、閉店間際の夜遅い時間も、スタッフさんの対応が気持ちいい。職業柄、味はもちろん、どんな人がどんな働き方をしているかについ目が行ってしまうのですが、いつもすばらしい対応に心が温かくなります。魅力的すぎてスカウトしたいくらい（笑）。いつ行ってもいいお店だなあと思うし、だからまた行きたくなるんです。どんなにおいしいものがあっても、それだけならお店に通おうとは思いません。

今回お話を伺ったのはオーナーのユ・ジユヒョンさん。途中でスタッフ一同感動して泣いてしまったくらい、忘れられない時間となりました。

**――「Cafe Onion」とパンドーロのなりたちについて教えてください。**

ブルックリンに住んでいた頃、WYTHE HOTELを基盤にして街が変わっていく様子を目の当たりにして、韓国に戻ってきてすぐにホテル業をしようと思ったのですが、それは少し無理があって。じゃあ、一番小さな単位で人を集めることができるビジネスは何かと考えてみたら、それがまさにカフェでした。そこで、才能のあるメンバーを集め、韓国のローカリティ、つまり、韓国の地域性や韓国ならではのものを表現できたらと思ったんです。

パンドーロはそのままでもおいしいのですが、デザインチームと「もう少し違った形でアプローチできないか」と話し合い、粉砂糖を盛るこの形になりました。形状を保つコツはトップシークレットです（笑）。でも、食べるときはどうしてもぐちゃぐちゃになってしまいますよね。うまく切ろうとしても結局崩れてしまう。それがパンドーロの「味」かなと思っています。実は、パンドーロはお店のシグネチャーとして作ったわけではありませんでした。僕たちは全メニューを「売り」にしようという気持ちでやっていますが、一番大きな反応があったのがパンドーロ。お客さんがシグネチャーにしてくれたといえると思います。

レシピは社内の開発チームで研究し、常に試食を繰り返しています。「Cafe Onion」の最初の顧客は僕なので、僕が気に入るか、おいしいと感じるかどうかは一つ目の大事なポイント。「Cafe Onion」のすべてに通じることですが、美しさにも焦点を当てていて常に「より美しく、よりカッコよく、より素敵なものになるように」とお願いしています。お客さんが初めて目にするときに、ワクワクしたり、心躍るような体験を

築100年を超える伝統家屋を改築した安国店。聖水店は自動車工場、ミア店は郵便局、広蔵市場店は市場の貴金属店と、それぞれ古い建物やお店をリノベーションしている

プレゼントしたいので。ただ、一番大切にしているのは味です。前の話と少し矛盾してしまいますが、見た目が微妙だとしても、本質となる味だけは決しておろそかにしてはいけないと考えています。

**——コーヒー豆もお店で焙煎を？**

聖水《ソンス》のロースティングルームで焙煎をしています。使用する生豆が常に変わり、季節や天候、自分たちの気持ちによっても変化するので、ローストの特徴をお伝えするのが難しいのですが、一番大切に考えているのはローカリティです。ローカリティとは、その地域に一番よく合うものを見つけ、それに合わせて作っていくものだと思っています。たとえば、安国店は特に日本のお客様が多いのですが、僕の中で日本のお客様はどちらかというとダークローストを好まれる方が多い印象でした。なので、聖水店と比べると焙煎がややダークになっているように思います。私たちが考えるローカリティとはこういったことで、一番大事なのは「人」。正確にはお客様ですね。

**——スタッフさんの丁寧な対応からもそれが伝わってきます。**

ありがとうございます。すごくうれしいです。というのも、僕らが一番大切にしているのがホスピタリティなんです。今はいろんなコンテンツが入り乱れる時代。あらゆるもののクオリティが高まるなか、人に感動と幸せを与えることができるのはやっぱり「人」だと思うんです。

よくスタッフにする話があって、たとえば閉店間際の遅い時間に、身なりが整っていない方が子どもを2人連れて、ココアを1杯だけ注文したとします。そういうときに僕たちが追求するホスピタリティは、ココア1杯分のお金を受け取り、ココア2杯と温かいコーヒー1杯を差し上げるというもの。ここにはたくさんのディテールが隠れていて、まずは絶対にお金は受け取ること。無料で差し上げるのはその方にとって決して心地がいいことではないと思うので、気持ちよく飲んでいただけるように必ず1杯分のお金は受け取ります。2つ目は「善きサマリア人のたとえ」です。韓国で私たちがよく話に出す「善きサマリア人のたとえ」は、人種や国籍に関係なく、病気や傷を負った人に対して自ら先に手を差し伸べるよう行動します。コーヒー、パン、空間など、どれも重要で一生懸命取り組んでいますが、僕はどれも「人のためになってこそ意味がある」と思うんです。

これはまた少し違う話ではありますが、

コロナ禍は店頭に導入したキオスクで1週間ほどコーヒーを2000ウォンに値下げして販売し、売上を全額近所の小さなビジネスをしている方々に寄付しました。僕たちも売上が従来の10％にも満たなくなり、「このままではもう無理だ」と絶望する一方で、より小さなお店はどれだけ大変だろうかと思ったんです。すみません、大袈裟な話に聞こえるかもしれないんですが、当時は「どうせつぶれるならやっちゃえ〜！」みたいな感じだったんです（笑）。でも不思議なことに、寄付をしたことで逆にすごく力をもらえて。「人」と分け合い、助け合い、愛し合うことがどれだけ大事なことなのかを改めて学ぶ機会になりました。

もちろん、コーヒーやパンも手を抜いているわけではありません（笑）。コーヒーとドリンクはニューヨークで一番有名な韓国人バリスタをスカウトし、彼女に手がけてもらっています。今は韓国の文化が世界的にも人気を得ているので、韓国をベースに仕事をしてみるのはどうかと持ちかけたんです。以前は僕も日本やパリなどに対する憧れのようなものがありましたが、最近は韓国的なものとはなにか、どうすれば韓国が持つ美しさを今の時代に生かすことができるか、そして、それを作っていくことができるのかについて考えています。

**——それをすごく上手にされているのが「Cafe Onion」というイメージでした。**

ありがとうございます。正直トレンドについてはよくわからないんですが、僕がずっと大切にしているのは捨てられたものや人々が関心を持たないものに光を当てることでした。なので、どの店舗も撤去する過程で出てきたものを最大限活用しています。

実は今、漢南洞《ハンナムドン》に念願のホテルを準備しています。韓国には昔から安いモーテルがたくさんあるのですが、あまりいいイメージではなかったので、ソウルらしく、美しく表現できればと思い、築50年ほどのモーテルを改築しています。僕の大好きなアートもたくさん詰まった空間になる予定です。ぜひそちらも遊びにきてくださいね。

パンドーロ形のピンバッチも

## Cafe Onion 安国

어니언 안국／オニオン アングッ

地 P.157 C-1
住 鍾路区桂洞キル5／종로구 계동길 5
電 0507-1424-2123
営 7:00〜22:00(LO21:30)、土・日曜 9:00〜22:00(LO21:30)
休 無休
交 地下鉄3号線安国駅3番出口から徒歩1分
cafe.onion

左から時計回りに、ナッツがたっぷり入ったホットクのようなシアッパイW4200、ホットアメリカーノW4600、プレーンスコーンW3700、牛乳の質感と泡の厚さにこだわったカプチーノW5000、ポテトサラダパンW4600

INTERVIEW COLUMN #3

# コーヒーのためのパン

FRITZ 苑西店 / 프릳츠 원서점

## 酸味を楽しむコーヒーと焼きたてパンのペアリング

かわいいオットセイのキャラクターがトレードマークの、いわずと知れた人気店。ソウルには3つ店舗があり、初めて訪れたのが苑西《ウォンソ》店でした。お店があるのは「アラリオミュージアム・イン・スペース」の敷地内。入口のなだらかな坂を上がると、「もうすぐだ」といつもわくわくします。韓屋をリノベーションしたイートイン空間に趣ある中庭。このロケーションに何度行ってもときめくのです。寒い季節は建物内でゆっくり過ごしますが、それ以外はお庭で景色を楽しみながら過ごすのが好きです。

パンはデニッシュ系が中心で、どれも日本より大きく、ボリュームたっぷり（これは韓国のパンの特徴ですよね）。コーヒーは酸味をしっかり感じるものが多いので、初めての方は、まずはパンと一緒に試してみるのがおすすめです。熱々のコーヒーにお店で焼きあげるペストリーを合わせると、その相性のすばらしさにうっとり。コロナ禍でしばらく行けないときは友人がシュトーレンとコーヒーを送ってくれて、少しずつ切って食べながら、お店を懐かしく思っていました。

コーヒーを使ったパンやお菓子もおいしくて、桃花《ドファ》店限定のコピボン（コーヒーバンズ）は、コーヒー味のクッキー生地に覆われたパンの中にバターがじゅわり。お店の方のおすすめはたっぷりのピーカンナッツとエスプレッソのフォンダンで作るピーカンコーヒークルー。こちらは苑西店限定です。どれもロースターだからこその、焙煎したおいしい豆の味がします。

ＳＮＳにはスタッフを紹介するポストも多く、「働き方」についてたびたび書かれています。常に一歩先を見ているというか、社会への還元や影響を考えられていて、その姿勢がすごく勉強になります。

**——まずはお店のなりたちについてお話を聞かせてください。**

「FRITZ」は'14年に、生豆のバイヤー1名、ロースター1名、カッパー（コーヒーの味や香りを評価する人）1名、バリスタ2名、製パンのプロ1名の計6名が集まって共同で創業しました。それぞれが互いのプロ精神や仕事に対する姿勢を尊敬し合っていて、全員に共通していたのが技術職としての誇りを持ち、自分たちが作るものの質を高めたいという思いでした。また、そういった人たちが安定した生活を送れるようにするにはどうすればいいか、という部分についても関心が高く、思いが一致していました。

「高いモチベーションを持つ者たちの共同体として、あなたに味以上の価値をお届けします」。これが私たちの任務であり、哲学です。「しっかりとした動機を持った人々が集まるコミュニティ」であることを理念にかかげ、技術者たちが本人のスキルに誇りを持ち、安定した職を持ち続けることができるよう、その環境づくりにも力を注いでいます。

今回お越しいただいた苑西店は'17年にオープンしました。苑西店について、何よりも先にご紹介したいのが季節の変化を感じ

左／桃花店限定のコピボン（コーヒーバンズ）W3500。「FRITZ」のオリジナルブレンド「EVERYTHING GOOD」を使ったコーヒー味のトッピングと塩味のきいたフィリングがマッチ　右／おみやげには持ち運びやすい円筒ケースに入ったクロッカンW6300やコーヒーサブレW6800がおすすめ。サブレも「EVERYTHING GOOD」を使用し、コーヒーの鮮やかな香りとバターの風味がたまらない

られる中庭です。変わることのない石塔とともに、変わりゆく季節を余すことなく堪能できる中庭は、私たちが苑西店を愛してやまない最大の理由です。ブランドとして全般的に「韓国的であること」を積極的に表現しているのですが、苑西店は韓国的な色彩がとても強い空間であることも大きな特徴の一つです。店舗と中庭があるのは、韓国を代表する建築家キム・スグン氏が設計した「空間」（かつて「空間」という建築事務所の社屋だった）。韓国の建築史においても非常に重要な建築物です。現在はリノベーションを経て、新館は「FRITZ」が1階に入るレストラン・カフェスペース、旧館は「アラリオミュージアム・イン・スペース」という、美しい現代アート作品に触れられる美術館になっています。

**――コーヒー豆のこだわりについてはいかがでしょうか。**

一杯のコーヒーをおいしく淹れてお届けできるというのは、本当にすばらしく、とても素敵なことだと思うんです。生産者が種を蒔いて収穫・加工をし、輸出業者が正確な時期に問題なく生豆を送り出し、ロースターが生豆を受け取って的確に表現し、バリスタはコーヒー豆が持つ可能性の中からお客様が望む味を引き出し――。そして最後に、お客様の気持ちも重要です。気分がよくなければ、どんなにおいしい食べ物も味を感じることができませんから。

その一部を担うロースターにとって最も重要なのは「生豆の立場」からローストすること。私たちが求める味や特定のローストプロファイルに生豆を合わせるのではなく、その生豆が表現できるさまざまな風味の中から、最も魅力ある部分を見つけ出し、それを表現することに専念します。生豆を評価

する過程ではいつもロースター同士で熱く討論しますが、とても楽しく、同時にものすごく大変な作業です（笑）。
生豆にとって最適な「声」を探すこと、そして、そこにロースターの個性を加えることというのが、最も気を遣っているポイントといえるかもしれません。

**――音楽事務所「HYBE」の社屋にも店舗があると聞きました。**

ソウルの支店は桃花店、苑西店、良才店《ヤンジェ》の3つで、「HYBE FRITZ」はHYBEの構成員、つまり、社員やアーティストのみなさん専用の空間です。新鮮で楽しい体験をお届けし、さまざまなドリンクを楽しんでいただけるよう、メニューには構成員のみなさんのニーズを反映し、シーズンごとに新商品も発売しています。「職場」という日常の中でご一緒しているので、仕事を始める前に気持ちをリフレッシュしたいとき、仕事中にカフェインや糖分をとりたいときなど、いつでも立ち寄ることができ、リラックスできる空間であるよう努めています。
そのほか、使い捨て容器・用品の最少化に取り組み、HYBE社と協力してリユーザブルカップを導入し、使用しています。

**――グッズも素敵ですがデザインのこだわりはありますか？**

お店に来てくださった方が感じることはみんなさまざまだと思うんです。たとえば、コーヒーやパンのおいしさが印象に残る方がいれば、韓国らしい懐かしい雰囲気が思い出に残る方もいると思います。そうした「印象」「思い出」をグッズに込めてお届けしたいという思いがあります。大切にしているのは「FRITZ」らしさ。来てくださった方が感じたであろう「FRITZ」をデザインにどう盛り込むか、いつも頭を悩ませています。訪れてくださった方の記念になり、記憶に残るものになるとうれしいです。

かわいい
マグカップ

バッチも
あるよ

## FRITZ 苑西店

프릳츠 원서점／プリッチュ ウォンソジョム

地 P.157 C-1
住 鍾路区栗谷路83 アラリオミュージアム／
종로구 율곡로 83 아라리오 뮤지엄
電 02-747-8101
営 12～2月10:00～19:30、3～11月～20:30
休 無休
交 地下鉄3号線安国駅3番出口から徒歩2分
fritzcoffeecompany

## FRITZ 桃花店

프릳츠 도화점／プリッチュ ドファジョム

地 P.157 B-2
住 麻浦区セチャン路2キル17／
마포구 새창로2길 17
電 02-3275-2045
営 8:00～22:00、土・日曜10:00～22:00
休 無休
交 地下鉄5号線麻浦駅
3番出口から徒歩4分

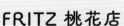

研究レポート　#2

# 韓国のあんこは甘くない？

お餅や屋台のおやつ、お粥、かき氷など、韓国にはあずきを使った食べ物がたくさんあります。なかでもソウルで初めて食べた팥칼국수（パッカルグクス）の味は忘れられません。おしるこのようなあずきを煮た汁にはたっぷりの麺。甘みはなくほんのりとした塩味がついていて、箸休めはキムチです。頭で考えながら食べているとなかなか箸が進まず、初回は完全に私の負けでした。

でもそれ以来、気になるのです。甘くないあんこが。

甘くないあずき汁のうどん、パッカルグクス

【　私的韓国あんこ分類表　】

- ◉甘い…たいやき、くるみまんじゅう、あんぱん、あんまん、かき氷
- ◉あまり甘くない…おしるこ、あんこ餅
- ◉まったく甘くない…お粥、うどん、餅
- ◉どちらもあり…おやき

甘いものも日本と比べると控えめで、おだやかな甘さ。
お米の粉や穀物のでんぷんでとろみをつけてあるものが多い。
包まれているあんこは、つぶあんより圧倒的にこしあん優勢。

あずき粥などを食べるようになって数年、甘みがないぶんしっかりあずきの風味が感じられるので、甘いあんことは別の楽しみ方、おいしさがあると思っています。

実は白あんも奥が深い韓国。まだまだ食べたいものはたくさんです。

韓国のおしるこ、タンパッチュッも甘さ控えめ

# 3章 市場

伝統市場を訪ねるのはソウルを旅する大きな目的の一つです。
野菜、海鮮、調味料、生活雑貨、
それぞれの市場に特徴があるのも楽しくて。
オーガニックマルシェでは、生産者さんと直接やりとりができます。
どちらの市場も、お腹を空かせていってくださいね。

# 경동시장

# 京東市場・
# 清涼里総合市場・
# 清涼里青果物市場

## こしょう

親しみを込めて、ひそかにフチュアジョシ（こしょうおじさん）と呼んでいるおじいさん。青果店が並ぶこの場所で20年近く営業している。インドネシア産のこしょうは1袋W5000。おじいさん曰く、こしょうを石臼で挽き始めたのはおじいさんが韓国で初めてで、石臼で挽くとこしょうの香りが強くなるそう

### こしょう屋台

후추 노점／フチュ ノジョム

地 P.156 E-1
住 東大門区旺山路33キル5 ハニル茶房前／동대문구 왕산로33길 5 한일다방 앞
電 なし
営 11:00～17:00頃
休 不定休
交 地下鉄1号線清涼里駅1番出口から徒歩1分

## えごま油とごま油

油や唐辛子などの食材店。早朝から店内の機械で油を搾り、瓶詰めしている。「朝4時から始めないと、その日売るぶんの油が搾り終わらないんです」と店主さん。国産のごまとえごまは全羅道産が中心で、国産ごま油はW2万8000、国産えごま油はW2万5000。ごま油は暗所で常温保存、えごま油は冷蔵保存を

### ソウル商会

서울상회／ソウルサンフェ

地 P.156 E-1
住 東大門区古山子路38キル13／동대문구 고산자로38길 13
電 02-960-0438
営 4:00～17:30頃
休 日曜
交 地下鉄1号線祭基洞駅2番出口から徒歩7分

## 韓方の香り漂う ソウル最大級の食市場

京東《キョンドン》市場は祭基洞《チェギドン》駅のすぐ近くに広がる、とても大きな市場。野菜や果物、魚、お肉、加工品などあらゆる食材が並んでいて、食材店の間や地下には食堂も。近年は市場内の古い劇場をリノベーションしたスターバックスコーヒーができたことで、若い人たちにも人気のスポットになりました。ソウル薬令市という韓国で一番大きな韓方材の市場も隣接していて、辺り一帯にはふんわりと韓方の香りが。韓国の市場に来たことを実感して、胸が高鳴ります。お隣の清涼里《チョンニャンニ》駅まで市場が続いているのですが、そちらは清涼里総合市場や清涼里青果物市場といった別の市場。厳密に言うと、この周辺には9つもの市場が集まってい

ビビンパW8000、白菜のジョンW8000。ビビンパは友人の教えで100回まぜて食べるようにしている。写真はスプーンを使っているが、箸でまぜるとお米が押しつぶされないと店員さんに教えてもらった

## ビビンパ

## 安東《アンドン》チッ ソンカルグクシ

안동집 손칼국시／アンドンチッ ソンカルグクシ

地 P.156 E-1
住 東大門区古山子路36キル3 新館 B1F／
동대문구 고산자로36길 3 신관 지하1층
電 02-965-3948
営 10:00〜20:00（LO19:00）
休 第2・4日曜
交 地下鉄1号線祭基洞駅2番出口から徒歩5分

るそう。私はいつも清涼里駅のほうまで歩き回っています。

初めて訪れたとき、清涼里青果物市場で出会ったのが、小さな木製の手押し車でこしょうと山椒を販売していたおじいさん。コロナ禍のあとにまた会いたくなり、当時の写真をもとに探し続けてようやく再会できました。味のある屋台の雰囲気と、おじいさんのおしゃれなファッションは変わらずでした。清涼里総合市場の「ソウル商会」では、ごま油とえごま油を。私が油を購入するときのポイントは圧搾方法と鮮度。搾った油は時間とともに酸化するので、こちらは搾りたてを購入できるのがうれしいです。お腹が空いたら京東市場内の食堂へ。「安東《アンドン》チッ ソンカルグクシ」では、初めて自分好みのビビンパに出会えました。たっぷり盛られたナムルの彩り

韓方材店の間にある小さなお店で、切り盛りするお母さんの笑顔も素敵。あずき粥W5000、チャンチグクス（にゅうめん）W4000で先払い方式。豆の風味が感じられる熱々のあずき粥でお腹が温まった

## あずき粥と チャンチグクス

### コルモクチッ

골목집／コルモクチッ

地 P.156 E-1
住 東大門区旺山路139-10／
동대문구 왕산로 139-10
電 010-4848-9938
営 7:00〜18:00（LO17:30）
休 第2・4日曜
交 地下鉄1号線祭基洞駅2番出口から徒歩5分

## 京東《キョンドン》市場

경동시장／キョンドンシジャン

地 P.156 E-1
住 東大門区古山子路36キル3／
동대문구 고산자로36길 3
電 02-967-8721
営 8:30〜18:00頃
休 第2・4日曜（店舗により異なる）
交 地下鉄1号線祭基洞駅2番出口から徒歩5分

## 清涼《チョンニャン》里《ニ》総合市場

청량리종합시장／チョンニャンニチョンハプシジャン

地 P.156 E-1
住 東大門区洪陵路1キル68-3／
동대문구 홍릉로1길 68-3
電 02-962-7100
営 店舗により異なる
休 無休（店舗により異なる）
交 地下鉄1号線清涼里駅1番出口から徒歩4分

## 清涼《チョンニャン》里《ニ》青果物市場

청량리청과물시장／チョンニャンニチョングァムルシジャン

地 P.156 E-1
住 東大門区旺山路33キル4／
동대문구 왕산로33길 4
電 なし
営 店舗により異なる
休 無休（店舗により異なる）
交 地下鉄1号線清涼里駅1番出口から徒歩1分

が美しく、麦入りごはんは軽やかでほぐれやすい。まるでステージに立っているような店員さんたちの動きにも見惚れてしまいます。「コルモクチッ」は散歩がてら朝ごはんに立ち寄ったお店。路地のように奥まった店内がとても落ち着きます。市場のあちこちにこうした素敵なお店が隠れているので、ぜひ散策してみてください。

서울중앙시장

# ソウル中央市場

## 油を使わず焼き上げる大きくて素朴なホットク

アーケードが続くソウル中央市場。近頃は穴場の飲食店が集まるグルメ市場として注目されていますが、あくまで観光客向けというより生活の場という印象です。昼間は人も少なく、華やかな電飾も抑え気味。そんなほの暗い市場の中で、小さなホットク屋台の明かりが灯台のようにぽっと灯っていました。

揚げ焼きが主流のホットクですが、こちらは油を使いません。「昔は揚げて作っていたけど、世の中が健康志向になったのに合わせて揚げないホットクを作り始めたんです。20年は経ちました」と店主のムン・オクスンさん。揚げていないぶん破けやすいので、指先でちょいと生地を足し、焼く場所をくるく

## イェンナルもち米ホットク

옛날찹쌀호떡／イェンナルチャプッサルホットク

地 P.156 D-1
住 ソウル中央市場の中央あたり／
서울중앙시장 중간쯤
電 010-9643-8862
営 12:00〜19:00頃
休 日曜
交 地下鉄2･6号線新堂駅2番出口から徒歩2分

ホットク

ホットクW2000。香ばしくてほどよく厚みがあり、むちっとした生地。かぶりつくと、砂糖とシナモンが混じり合った熱々の蜜があふれる。このおいしさを生み出すオクスンさんの「指」に見とれる

ると変えながら仕上げていきます。指で触って感触を確かめながら焼き上げるのが、長年続けてきたオクスンさんの技。一日何百枚も焼いているそう。「一人で焼くのは大変だけど、お客さんに喜んでもらえるから」と、今日も屋台に立ちます。

## ソウル中央市場（新中央市場）

서울중앙시장（신중앙시장）／
ソウルチュンアンシジャン（シンチュンアンシジャン）

地 P.156 D-1
住 中区退渓路85キル36／중구 퇴계로85길 36
電 02-2232-9559
営 店舗により異なる
休 無休（店舗により異なる）
交 地下鉄2･6号線新堂駅1･2番出口から徒歩1分

광장시장

# 広蔵市場

鍾路(チョンノ)5街駅からすぐの広蔵市場。常設市場として開設したのは1905年と言われ長い歴史を持つ。市場への入口はいくつかあるが、駅出口から近い東門か北2門から入りまっすぐ進むと、モクチャコルモク(うまいもん横丁)と呼ばれる、屋台が集まった場所に着く。昼頃から夜まで人通りが絶えず、活気がすごい！　店頭に並ぶキムチやナムルなどの鮮やかさにも目を奪われる

## おいしいものいっぱい 広蔵市場で食べたいもの

海外からの観光客にも大人気で、いつもにぎわっている広蔵《クァンジャン》市場。扱っているものは食材や惣菜から伝統衣装、古着まで幅広く、屋台グルメも充実しています。ねじりドーナツのクァベギ、緑豆チヂミ、小さなキンパ、麦ごはんのビビンパ、ユッケ。有名なものはたくさんありますが、私がおすすめしたいのはコッカムホドゥマリ（干し柿のくるみ巻き）とススプクミというおやつです。

コッカムホドゥマリは、干し柿を開いてくるみを包み、ロール状に巻いたもの。干し柿だけだとなかなか手が出ないのですが、くるみと合わさることで新しい味わいに。しっかり巻きあげることで柿に弾力が出て、カ

リッとしたくるみともよく合います。

　スプクミは、もちきび入りの発酵生地に、甘くないあんこをのせて二つに畳んだ半月型のおやき。甘いおやつを想像していたので、別の場所で初めて食べたときは面食らってしまったのですが、アイドルがおいしそうに食べているのを見て、再び気になるようになりました。

　広蔵市場にもあると知り、行ってみた達人さんの屋台。シロップをかけないとまったく甘くないので、ためらわずしっかりかけると、くっきり味が出てきて、そのおいしさに驚きます。むっちり、ふんわりした生地に濃度のあるシロップが絡んで、ふかふかのホットケーキを食べているよう。ホットクともプンオパン（韓国のたいやき）とも違う、素朴な粉のおやつです。

## 干し柿のくるみ巻き

国産の干し柿とくるみを使った、手作りの干し柿くるみ1本W1万7000（値段は時期により異なる）。自分で作ってみたこともあるが、柿を開いたりくるみを巻き込む作業が難しく、お店で買うように美しくは作れなかった。ほどよい厚さにスライスして、カマンベールチーズと一緒におつまみにするのが好き

### 天生縁分《チョンセンヨンブン》

천생연분／チョンセンヨンブン

地 P.157 C-1
住 鍾路区昌慶宮路88 広蔵市場1F 100-2号／
종로구 창경궁로 88 광장시장 1층 100-2호
電 02-2271-2585
営 9:00〜21:00、日曜9:00〜20:00
休 無休
交 地下鉄1号線鍾路5街駅7･8番出口から徒歩3分

なんだか魔法の呪文のような名前のススプクミ。ぜひ広蔵市場で食べてみてください。

## 広蔵《クァンジャン》市場

광장시장／
クァンジャンシジャン

地 P.157 C-1
住 鍾路区昌慶宮路88／
종로구 창경궁로 88
電 02-2267-0291
営 9:00〜18:00頃（店舗により異なる）
休 日曜（店舗により異なる）
交 地下鉄1号線鍾路5街駅
8番出口から徒歩1分

## ススプクミ

北2門からすぐの場所にある屋台。ススプクミ、もち米プクミ各W2500。あんは甘くないあずきあんと甘い白あんから選べる。1977年にお母さんが始めたお店で、現在は息子さん兄弟が運営している。味の秘訣は生地やあんこが手作りであること。きびは水に一日程度浸してやわらかくし、機械ですりつぶして生地にする

### ススプクミの達人

수수부꾸미의 달인／ススプックミエタリン

地 P.157 C-1
住 鍾路区昌慶宮路88 広蔵市場 東部B30号／
종로구 창경궁로 88 광장시장 동부B30호
電 なし
営 9:00〜20:00頃 ※閉店時間は日によって変動あり
休 第1日曜
交 地下鉄1号線鍾路5街駅8番出口から徒歩1分

上／製菓・製パン材料店が集まるエリア　左下／この路地を入ったところにお店が並んでいる　右下／乙支路（ウルチロ）4街駅6番出口側の市場入口。製菓材料店が集まる一角はこのゲートから200メートルほど北に進んだところにある

# 방산시장

# 芳山市場

## ウィシン商会

의신상회／ウィシンサンフェ

地 P.156 D-1
住 中区東湖路383-4／중구 동호로 383-4
電 02-2265-1398
営 9:00〜18:00、土曜・祝日9:00〜16:00
休 日曜
交 地下鉄1号線鍾路5街駅7番出口から徒歩3分

抹茶ミックスパウダーW8000(100g)。済州島産の緑茶と抹茶にタイ産のクロレラをまぜたもの

韓国産のヨモギ粉W6000(200g)。粒子が細かい製菓用で、粉となじみがよく使いやすい

韓国産のヨモギ粉W2500(100g)。粒子が粗いお餅用。ヨモギ粉も用途別にそろうのが韓国ならでは

# 製菓・製パン材料、道具

## テプンBakery Shop

대풍Bakery Shop／テプンベイコリシャッ

地 P.156 D-1
住 中区東湖路383-10／중구 동호로 383-10
電 02-2269-8066
営 9:00〜18:00、土曜・祝日9:00〜16:00
休 日曜
交 地下鉄1号線鍾路5街駅7番出口から徒歩3分

メダルを模したかわいいクッキー型W6000。ハングルで「賞」「よくできました!」と書いてある

くるみの形のホドゥグァジャが一度に9個焼ける専用のフライパンW2万2000。P.148のレシピでも使用している

小さめな薬菓のシリコン型W5000。生地を詰めて成型し、お店のような薬菓に。P.146のレシピでも使用している

### 韓国ならではの製菓材料を求めて

広蔵市場の清渓川を挟んで反対側には、芳山《パンサン》市場があります。こちらは日本の合羽橋のような場所。包材やお菓子、パンの材料を買うことができます。

広い市場の中でもジャンルごとにざっくりとエリアが分かれていて、キャンドルやディフューザーなどアロマ系の卸売り店が入ったビルがあったり、壁紙の専門店が並んだりしていますが、私が楽しいのはやっぱり製菓・製パン材料のお店が集まるエリア。店頭には韓国のキャラクターのお菓子型や、ホドゥグアジャ（くるみまんじゅう）を焼ける専用のフライパンなども。こうした日本では見かけない、韓国らしいものを探して歩き回っています。

上／鍾路5街駅側の市場入口。駅の7番出口を出てまっすぐ進み、清渓川を越えて右折するとこのゲートがある。製菓材料店があるエリアはここから70メートルほど直進し、左手の路地に入ったところ

# 芳山《パンサン》市場

방산시장／パンサンシジャン

地 P.156 D-1
住 中区乙支路33キル18-1／
중구 을지로33길 18-1
電 なし
営 9:00～18:00、
土曜9:00～15:00（店舗により異なる）
休 日曜（店舗により異なる）
交 地下鉄2・5号線乙支路4街駅
4・6番出口から徒歩5分

## 熱々を食べてほしい南大門市場の名物おやつ

南大門《ナムデムン》市場は明洞《ミョンドン》エリアから徒歩圏でアクセスしやすく、ソウルへ行くようになった当初からよく通っている場所。荒物屋さんからながーいほうきを持ち帰ったり、靴下のポソンをたくさん買い込んでおばさんに不思議な顔をされたり。お腹が減ったときにつまめる、屋台おやつが多いところも好きです。

「南大門野菜ホットク」はチャプチェが入ったホットクの屋台で、行列が目印。ふわふわの発酵生地に手早く具を押し込み、たっぷりの油で揚げながらヘラでプレスして焼き上げていきます。最後に醤油ベースのタレをひと塗り。創業者のお母さんと2代目の息子さんの、この流れるような連携プレーを見るのも

# 남대문시장

# 南大門市場

南大門市場は600年以上の歴史があり、1万軒を超えるお店が集まる、韓国を代表する市場。衣料品やメガネ、食器、工芸品などさまざまなものが売られていて、昔ながらの飲食店が集まった通りも市場内にある。お店とお店の間からビルが見えるのが印象的

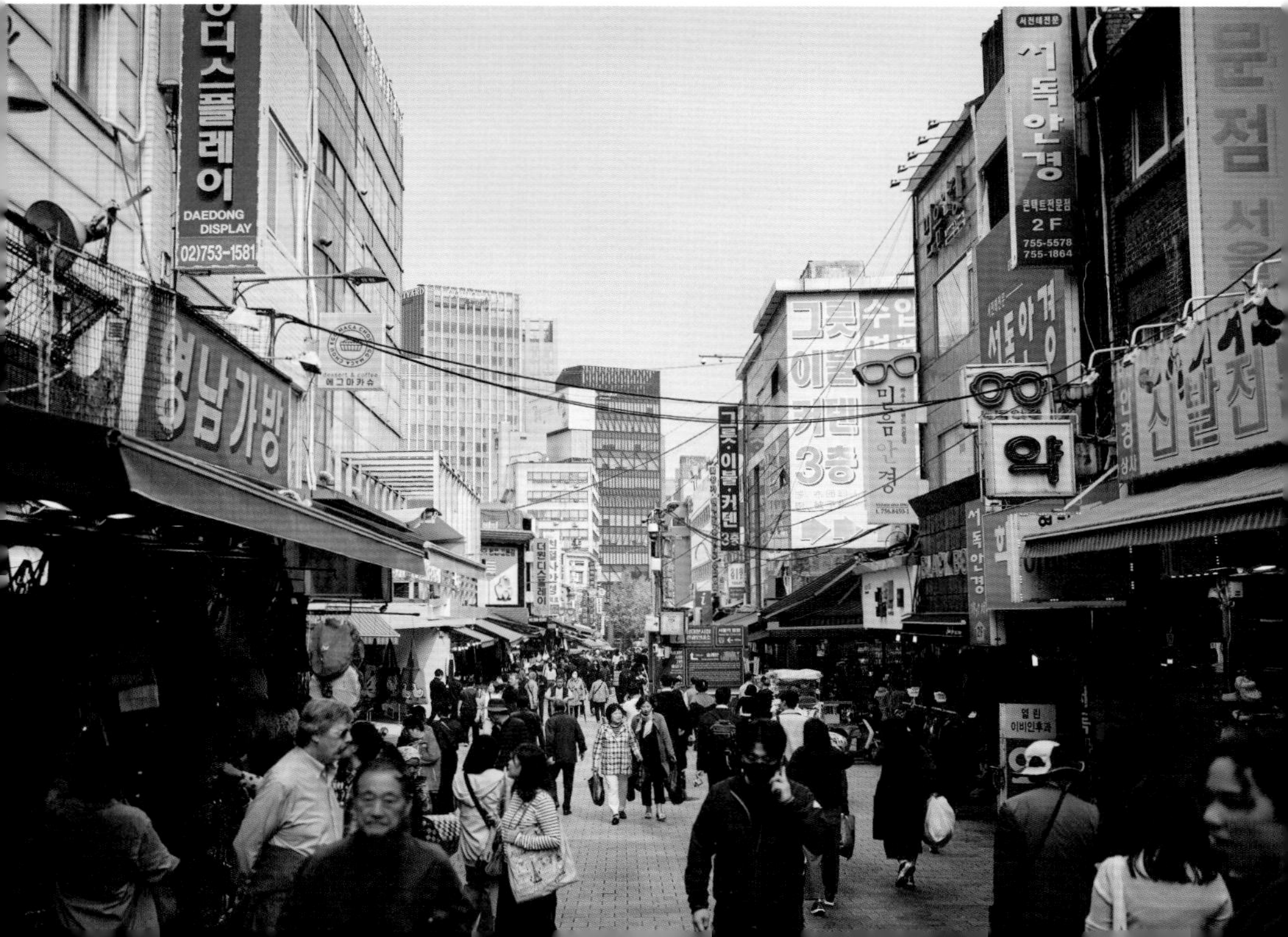

楽しみです。おやつというよりはごはんのような食べごたえですが、味が濃くないのでペロリと平らげてしまいます。

「カメゴルソンワンマンドゥ」の肉まんも、野菜ホットク同様、南大門市場の名物的存在です。日本で食べる肉まんより小ぶりで、思った以上にやさしい味。お肉と一緒に入っているお豆腐と春雨、干し大根が味をやわらかくしています。ほわほわの肉まんは冷めるとおいしさが逃げてしまうので、ぜひ店頭で蒸したてを食べてくださいね。

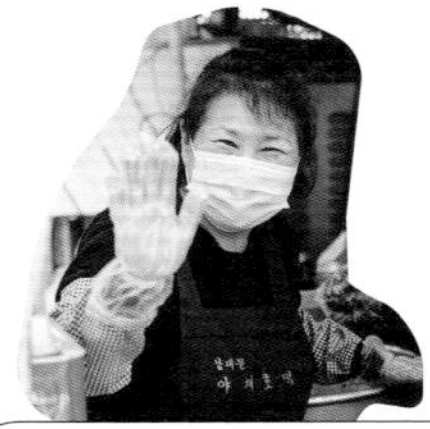

## 野菜ホットク

野菜ホットクW2000。チャプチェには通常使うごま油が入っていないと聞き、揚げた生地とのバランスが考えられているんだなと納得。ほかにあずきホットク、はちみつホットク各W2000もあり、一人で行くと1種類しか食べられないのが悔しいところ。食い意地を発動してホテルに持ち帰って食べたこともあるが、その場で食べたほうが絶対においしい

### 南大門野菜ホットク

남대문야채호떡／
ナムデムンヤチェホットッ

地 P.157 C-1
住 中区南大門路12／
중구 남대문로 12
電 なし
営 8:30～19:00※売り切れ次第終了
休 日曜
交 地下鉄4号線会賢駅
5番出口から徒歩5分

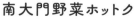

## マンドゥ

肉まんW1000。キムチまんもあり、持ち帰りボックスには合わせて10個から入れてくれる。蒸し上がった肉まんがどんどん運ばれてくるが、みんながあまりにもたくさん買って帰るので、行列に並ぶ人たちは「私のぶんはここにあるだろうか」と思っているはず。11時頃から販売するあんまんW1500もあんがとろりとしていておいしいので、ぜひ肉まんと両方試してほしい

### カメゴルソンワンマンドゥ 南大門本店

가메골손왕만두 남대문본점／
カメゴルソンワンマンドゥ
ナムデムンポンジョム

地 P.157 C-1
住 中区南大門市場4キル42／
중구 남대문시장4길 42
電 02-755-2569
営 8:00～20:00
休 日曜
交 地下鉄4号線会賢駅5番出口から徒歩1分
gamegol_food

### 南大門《ナムデムン》市場

남대문시장／ナムデムンシジャン

地 P.157 C-1
住 中区南大門市場4キル21一帯／
중구 남대문시장4길 21일대
電 02-753-2805
営 店舗により異なる
休 店舗により異なる
交 地下鉄4号線会賢駅5番出口から徒歩1分

독립문 영천시장

# 独立門 霊泉市場

## ずっとおいしい一番好きなクァベギ

生鮮食品やお惣菜中心の独立門霊泉《ヨンチョン》市場は地元の方たちの台所であり、トッポッキやティギム（天ぷら）などおやつのお店が多いことでも知られる市場。子どもから大人まで小腹を空かせた人たちでにぎわいます。

なかでも名物と言えるのが、ねじりドーナツのクァベギ。市場内に専門店がいくつかありますが、私が好きなのは40年以上ご夫婦でクァベギを作られている「元祖クァベギ」です。屋台のおやつは作りたてを食べるのが鉄則で、特にもち粉が多いタイプのクァベギは冷めると食べにくくなってしまいます。でも「元祖クァベギ」のクァベギはほかと配合が違うようで、ふっくらとした生地で、揚げたてはもちろん熱がとれたあともおいしいんです。お惣菜店では、自分へのおみやげに梅エキスを。やわらかい味で、みりんの代わりにお料理に使ったり、ソーダやお湯で割って飲んだり。1本あるとしばらく楽しめます。

### 独立門 霊泉《ヨンチョン》市場

독립문 영천시장／
トンニムムン ヨンチョンシジャン

地 P.157 B-1
住 西大門区統一路189-1／
서대문구 통일로 189-1
電 02-363-5350
営 店舗により異なる
休 店舗により異なる
交 地下鉄5号線西大門駅2番出口から徒歩8分

## クァベギ

独立門駅と西大門駅の間に位置する独立門 霊泉市場。「元祖クァベギ」は独立門駅側の入口（裏門）からアーケードに入ってすぐ、左手にある。クァベギ3個W1000。手早く生地を成型し大釜でどんどん揚げていく。すぐ食べるのがおすすめだが、ホテルに持ち帰った場合、レンジ（700W）で10秒温めて

### 元祖クァベギ

원조꽈배기／ウォンジョックァベギ

地 P.157 B-1
住 西大門区城山路704 霊泉市場A5～6号／
서대문구 성산로 704 영천시장A5～6호
電 02-392-4690
営 8:00～19:00
休 日曜
交 地下鉄3号線独立門駅4番出口から徒歩7分

西大門駅側の正門を入り、左手にある惣菜店。お母さん手作りの惣菜がショーケースにずらりと並ぶ。自家製の梅エキスW1万5000。韓国では飲みものだけでなく、調味料としても使う。「甘さを加えたいとき、ナムル以外の料理だったら何にでも使えますよ」とお母さん。キムチにも入れているそう

## 惣菜

### セチャムチャンバン

새참찬방／セチャムチャンバン

地 P.157 B-1
住 西大門区霊泉市場キル64／
서대문구 영천시장길 64
電 0507-1406-6335
営 9:00～20:00
休 日曜
交 地下鉄5号線西大門駅2番出口から徒歩8分

마르쉐

# ファーマーズマーケット

マルシェ@ / 마르쉐 @

## こころを豊かにする食べものを見つける場所

「マルシェ@」はソウル中心部で開かれているファーマーズマーケット。@とついているのは、うしろに街の名前をつけるため。「ソウルの空の下ならどこでも市場を開くことができる」という意味が込められているそう。主に週末に開催され、若いお客さんや家族連れを中心ににぎわっています。

　初めて行ったのは6年前。創立者のうちの一人であるきむ・すひゃんさん（P56）に教えてもらったのがきっかけです。新鮮な野菜、天然酵母のパン屋さん、焼菓子屋さん、ススプクミも！　パッケージやディスプレイにこだわったお店が多く、出店者さんの熱をぎゅっと感じる楽しいマーケットでした。私が

代表のイ・ボウンさんとともに。「マルシェ@」は2012年10月に大学路（テハンノ）でスタート。現在はいくつかの場所で開催されていて、取材したのは聖水（ソンス）で開かれていた野菜市場。もう一つの農夫市場には、農家さんに加えて料理人やクラフトアーティストも参加されるそう。「マルシェは会話をする市場。生産者も消費者も安心して買い物と会話が楽しめる空間でありたい」とイ・ボウンさん。2024年の「マルシェ@」は月4回ほどソウル各地で開催予定。日程や場所は公式サイト（www.marcheat.net）やInstagramで告知している

好きな韓国のお店はたいてい「マルシェ@」につながっていて、訪ねるたびにたくさんの刺激をもらえる場所です。

「マルシェ@」は農夫市場と野菜市場の2種類があり、どちらも野菜の生産者さんが中心。現在の韓国はミールキットやデリバリー、外食を利用する人が増える一方、自炊する人はどんどん減っているそうで、そんな中でも自分で料理を作る人を助けたいという思いが市場には込められています。出店できるのは小規模農家限定で、有機栽培を実践しているか、その意向がある農家さん。「一人の消費者として、自分が安心して食べられるものを生産する人たちの顔を見て過ごしたいという思いで始めました」と話す代表のイ・ボウンさん。「この10年間、マルシェを通じてたくさんの農家の方た

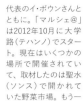

## メホン生命倉庫

매헌생명창고／メホンセンミョンチャンゴ

maehun_farm

油

朝に搾ったばかりのごま油、えごま油を販売。どちらも忠清南道・礼山（イェサン）で育てられた在来種を使用している。購入するとかわいいケースをつけてくれるが、これは靴下の製造過程で余った端切れを利用したもの。村の80歳をこえるおばあさんが手作りしている。生えごま油W1万2000（100ml）

栗

## 栗おじさん

밤아저씨／バムアジョッシ

bamajeossi

忠清南道・公州（コンジュ）にて栗を自然栽培。シーズンになると山に入り、イノシシと競い合いながら栗を拾っているそう。「おいしい栗を一番知っているのはイノシシ。栗拾いはいつも、イノシシが早いか、おじさんが早いか」とイ・ボウンさん。生栗1kgW1万

松の実

京畿道・加平（カピョン）にある大金山（テグムサン）の麓で採れた松の実を扱う。松の木は店主さんの義父が40年前に植えたもので、栽培から乾燥まですべて自分たちで行っている。粒が大きくおいしい。松の実200gW2万6000〜

## 加平シンソンジャッ

가평 신선잣／カピョン シンソンジャッ

みそ、漬物

## コンハンアリ

콩항아리／コンハンアリ

konghangari

京畿道・加平産の大豆で作るチョングッチャン（チゲのもとになる発酵大豆）や、ウルェ（白瓜）、トドク（ツルニンジン）の漬物などを手作り。漬物に使う醤油も、伝統的な方式で大きな石釜を使って作っている。チョングッチャンW3000は当日早朝に作られた新鮮なもので、低塩で匂いも抑えめ

ちと出会い気づいたことは、〝私たちの暮らしはすべてつながっている〟ということ。マルシェのミッションは〝食べ物を通して、すべての暮らし、生をつなげていくこと〟なのです」。既存の市場に入っていくことができない在来種を育てている人たちや、都市農家さんたち、都市農業で作られる食べ物など、規模や量の問題で一般の市場に入っていくことができない野菜や農家さんたちの場を作りたいと考えています。

マルシェでは食材が一番おいしい状態、お客さんが幸せになれる状態のものを届けることができます。最近は多様な食べもの、特に旬の食べものに対する消費者の関心の高まりを感じるようになったそうです。「甘くておいしいのはよく熟れたトマトですが、割れたり傷みやすいた

## 干し野菜

京畿道・加平にて放し飼いで鶏を飼育。その鶏の卵で作ったエッグタルトと、ふんを肥料にして育てた野菜や干し野菜、ピクルスなどを販売している。乾燥ゴンドゥレ（高麗アザミ）、乾燥コサリ（わらび）各W1万

### パパパム ミールマウント

파파팜 밀마운트／
パパパム ミールマウントゥ

jinok.hwang

## ナツメシロップ

家族経営で国産ナツメや五味子（オミジャ）のエキスなどを販売。ナツメのエキスW2万8000には砂糖や添加物は一切入っておらず、水やお湯で割ったり、牛乳に入れてミルクティーのように飲んだり、アイスクリームにかけてもおいしい。ナツメを使った伝統菓子の薬食も取り扱う

### スローファミリー

슬로패밀리／スルロペミルリ

_slowfamily_

## 野菜と豆

ソウル近郊で農作業を行い、約50種もの在来種の野菜を自然農法で育てているご夫婦。中にはヤッパッという、生産者が減っているという粒が小さなあずきも。店頭には野菜と一緒に、お二人の著書「農作業が楽しくて」が並んでいた

### 総合チェミ農場

종합재미농장／
チョンハプチェミノンジャン

amusebyfarm

めその状態ではスーパーには並びません。マルシェに出ている野菜は消費者がすぐに食べられるよう十分に熟れたものなので、買い物をすると一般の市場との違いに気づくはずです」。一番よい状態で消費者に届けたいという生産者さんの想いを感じます。韓国の生産者さんに直接会えるという、旅行者にとってはうれしい機会です。ぜひ一度、のぞいてみてください。

### マルシェ@

마르쉐@／マルシェエッ

住 開催場所、時間はInstagramを参照
電 なし
marchefriends

研究レポート #3

# なつかしパン

初渡韓した頃に比べると、どんどんお店も種類も増えていると感じるのがパンです。最近はベーグル、塩パンなどが人気のようで、若い方に人気のエリアにはハード系のお店もちらほら。一つがおっきいので（日本の1.5～2倍くらいありそう）たくさんは食べられないのですが、つい選んでしまうのは、昔からあるというなつかしい雰囲気のパンたち。

ザクザクとした食感のそぼろパン

소보로빵（ソボロパン）は日本語の「そぼろ」が由来と言われていて、プレーンな生地に小麦粉と油脂、砂糖で作ったそぼろ（クランブル）をトッピングして焼き上げた、どこかメロンパンにも似た素朴なパンです。大きく焼いてクリームやジャムをサンドしたマンモスパンや、そぼろあんぱん、そぼろチョコチップパン、そぼろのかたまりをあんのように入れたダブルそぼろパンまで、アレンジバージョンもいろいろあるので飽きません。

マンモスパンなど、そぼろパンの仲間たち

샐러드빵（サラダパン）も市場をはじめ、いろんなお店で見かけます。揚げパンに切れ目を入れて、甘めのマヨネーズで和えたコールスローとハム、きゅうりをサンドして、仕上げはケチャップ。甘じょっぱくて背徳感たっぷりのおいしさ。もし熱々に出会えたら、それはもう運命だと思って食べてみてください。

子どもの頃はよく食べたけど最近はあんまり……というパンは日本にもありますが、昔ながらのパンはその国の食文化を知ることができるので、つい手に取ってみたくなるのです。

揚げパンが口を開けているようなサラダパン

# 4章 テイクアウト＆おみやげ

テイクアウトしたらすぐ食べたい、屋台のおやつ、キンパ、お餅。
暮らす人々が通うスーパーでは、選び抜かれた食材たちが、
ローカルフードが集まるお店には、ソウル以外のおいしいものも見つかります。
品数の多さではなく、目が届く範囲で誠実においしいものを作る、
そんなお店の姿勢に惹かれて通っています。

メコミ（キムチ）、あずき、カスタードクリームの3種類。メコミは1個W1000、あずきとカスタードクリームは3個W2000。毎年10～4、5月初め頃のみ営業していて、特にお客さんが多くなる10～3月初めは一人合計W6000ぶんまでしか買えないという制限がある

잉어빵

# 韓国式たいやき

ヒョゴンインオパン ／ 효공잉어빵

お店は青いトラックが目印。その荷台で、ジョンボクさんが熟練の手つきでインオパンを焼き続けている。使う機械は一度に18個も焼ける大きなもので、慣れていないと扱えない。もう20年ほど、この場所で営業を続けているそう

## ここでしか味わえない キムチ味のたいやき

名前もかわいい韓国式のたいやき、プンオパン（鮒やき）は韓国の冬の風物詩。駅の構内など年中食べられるお店もありますが、やっぱり寒い空気の中で食べる焼きたては格別！　お店によって個性があるので、自分好みを探し歩いています。

実は兄弟のようなインオパン（鯉やき）もあることはご存知でしょうか。ついまとめてプンオパンと呼んでしまうのですが、小麦粉のシンプルな生地感が日本のたいやきに似ていて、表面もパリッとしたものが多いプンオパンに対し、インオパンはもち粉やでんぷんが入ってもちっとした食感。卵の風味と揚げ焼きに近いようなコクがあり、表面はカリッとしています。

友人に連れていってもらった「ヒョゴンインオパン」は、ソウル三大プンオパン（インオパン）と呼ばれている20年続くお店です。孝昌公園《ヒョチャンゴンウォン》の近くにあるから「ヒョゴンインオパン」。初めて訪ねた雪の日はすでに行列ができていて、みな寒さに震えながら、でもおいしいインオパンのためなら待てる！と不思議な連帯感が生まれていました。

大きな回転式の機械を使い、手を休めることなくぱたぱたと焼き上げる店主のキム・ジョンボクさん。生地の状態を見ながら火力を細やかに調節しているそうです。おすすめは何といっても珍しいメコミ（キムチ）味。ほんのり赤い色が透けた香ばしい皮から、とろりとあふれる熱々のキムチとタンミョン（春雨）。ほどよい辛さで体もぽかぽか温まります。「とってもおいしかったです！」と伝えると「もっとおいしいところがあるよ」と笑っていらっしゃいました。最近は昔ながらのお店がどんどん減っていると聞きますが、火と粉の香りのするインオパンが、これからも食べられますように。また買いにいきます。

### ヒョゴンインオパン

효공잉어빵／ヒョゴンインオパン

地 P.157 B-2
住 龍山区孝昌園路142／용산구 효창원로 142
電 010-5210-5791
営 10:00～19:00頃
休 日曜、6～9月頃
交 地下鉄6号線孝昌公園駅2番出口から徒歩2分

떡과 약과

# お餅と薬菓

キョンギトッチッ / 경기떡집

## 伝統とモダンが融合した唯一無二のET餅

　素朴な市場のお店から高級店まで、さまざまなお餅屋さんがソウルにある中で、私が一番頻繁に通っているお店が「キョンギトッチッ」です。まず食べてほしいのは、白あんでくるまれたビジュアルがユニークなET餅。不格好に見えると、現店主のお母さんが映画から名付けました。お餅が内側、あんが外側なので、口に入れるとまずあんのやわらかな舌触りに驚きます。甘くて風味のない白あんもある中、こちらは豆の風味がしっかり。皮をむいて使うコピパッという、特有の香りと甘さを持つあずきであんを作っているのだそう。

　パッケージも洗練されています。「餅という食べものが〝昔の人たちが食べていたお菓子〟というイメージで残ってしまわないよう努力しています」と店主さんは話します。積極的なコラボや新メニューの開発を続け、伝統を維持しながらも時代に取り残されないブランドづくりを行っているのです。

　近年流行している薬菓も「キョンギトッチッ」のものが一番好きです。薬菓は小麦粉生地を揚げて蜜に浸した伝統菓子ですが、こちらの薬菓は油っぽくなく、甘さもベタベタしていません。少し大きめで、ほくっとした食感。個包装で日持ちするので、おみやげにもぴったりです。

　対して、お餅は日が経つとかたくなってしまうので、私の楽しみ方は3通り。①午前中に買いに行って、ごはんを軽めにしておやつにする。②帰国する直前に買って、機内で食べる。③帰国する直前に買って、帰ってすぐ冷凍する。望遠駅のすぐ近くにある本店は金浦空港からも遠くないですし、明洞のロッテ百貨店の地下にもお店があるので、日本に持って帰るなら必ず帰国当日に購入を。ただし遅い時間は売り切れてしまい、種類が少なくなるので、お昼までに行くのがいいでしょう。持ち帰るにしても、一度は買いたてを食べてみるのがおすすめです。

**キョンギトッチッ**

경기떡집／キョンギトッチッ

地 P.157 A-2
住 麻浦区東橋路9キル24／마포구 동교로9길 24
電 02-333-8880
営 8:00～18:00
休 日曜
交 地下鉄6号線望遠駅2番出口から徒歩2分

薬菓W1200。韓国産の小麦粉を手ごねし、低温でゆっくり揚げている。薬菓は伝統菓子だが若者にも人気で、有名店の薬菓はライブのチケットを取るくらい競争が熾烈という意味で“ヤッケティング（薬菓+チケッティング）”という言葉があるほど

ET餅は白あん、よもぎ、黒ごまの3種で「世界中どこにもない餅」と店主さん。写真は白あんと黒ごま各W2500（3個入り）。こちらをきっかけに韓国の白あんのおいしさに目覚めた

현미김밥

# 玄米キンパ

## トントンキンパ 会賢店 / 통통김밥 회현점

上／テイクアウトの包み紙と袋もかわいい　下の左／油を抜いたツナがたっぷり入ったツナキンパW5500。白米のキンパもあるが、すべてのメニューを有料で玄米に変更できる　左ページ／健康玄米W5500。玄米とムチョンシレギ（干した大根の葉）のナムルを使ったヘルシーなキンパ

## エナジーバーのような無敵の玄米キンパ

南大門市場からほど近く、黄色と青のポップな外観が目を惹く「トントンキンパ」。具だくさんすぎて、ほかのお店のキンパより大きくなってしまったのでトントン（ぽっちゃり）。なんともかわいらしい名前のキンパ屋さんです。

ソウルにいると、専門店や粉《ブン》食《シク》（軽食）屋さんはもちろん、コンビニやスーパーなど街のいたるところでキンパを売っているのがうれしくて。日本のおにぎりのように、韓国の方にとってのソウルフードなんだなあと感じます。私もちょっとお腹が空いたときはキンパを買うことが多いのですが、こちらは玄米のおいしいキンパが食べたいと思って探したお店。青瓦台（大統領官邸）からも注文が来たことがあるという人気店です。市場巡りをしたあとに立ち寄ったり、明洞エリアに宿泊しているときは夜ごはんにテイクアウトしたりしています。

店主のサラさんが玄米キンパを作り始めたのは、お母さんが糖尿病を患ったことがきっかけだったといいます。お母さんのために糖質が少なめで健康的なものが作りたい。そのためごはんを玄米に、具材をたっぷりにすることでさらにごはんの量を減らし、今の形になったそうです。玄米はすべて国産のものを使用して、圧力鍋で1日何度も炊いています。ムチョンシレギなど韓国らしい食材が多く使われていて、どの具材の味付けも化学調味料は使わず、塩、お醤油が基本。お砂糖を使うのもプルコギ、キムチ、ツナくらいと聞いて驚きました。

具材たっぷりなキンパは多く見かけますが、味が強くて食べ疲れてしまうことがあります。こちらのキンパは一つ一つの具材の味付けが控えめで、全部が合わさったときのバランスを考えて作られています。なので一切れ目はあっさり食べやすく、もう一口と食べ進め、1本全部食べ終えてちょうどよい絶妙の塩加減。たっぷりの具材で満足感はありますが、ごはんが少ないのでお腹がどすんと重くならないのもうれしいです。

私が玄米のキンパが好きなのは、健康的な理由というよりは、ぷちぷちとした食感とほぐれやすさに魅力を感じるから。白米は冷めたときに口の中でほどけにくくなりますが、玄米キンパは時間が経っても食べやすいのです。とはいえタイミングが合えば、店内でまずは巻きたてを、サービスのオデンスープと一緒に味わってみてくださいね。

### トントンキンパ 会賢《フェヒョン》店

통통김밥 회현점／トントンキムパッ フェヒョンジョム

地 P.157 C-2
住 中区退渓路2キル1／중구 퇴계로2길 1
電 02-3789-4833
営 7:30～14:30(LO14:20)、15:30～19:00(LO18:50)
休 土・日曜
交 地下鉄4号線会賢駅4番出口から徒歩1分
tongtong_gimbab

전통과자

# 伝統菓子

好圓堂 / 호원당

## 70年以上受け継がれる美しいお菓子たち

私が初めて「好圓堂《ホウォンダン》」を訪れたのは、まだ本店が梨大《イデ》にあった頃。「伝統菓子のいいお店があるよ」と友人に連れていってもらったのですが、雰囲気がとても素敵だったことを覚えています。並ぶお菓子一つ一つのたたずまいが美しく、日本の老舗和菓子屋の世界に通じるものを感じました。狎鴎亭《アックジョン》の店舗が本店になった今も、その印象は変わりません。

「好圓堂」の歴史は長く、両班（朝鮮王朝時代の官僚）の家のご息女だった趙慈鎬《チョジャホ》さんが'53年に創業。王妃の親族だった趙さんは幼い頃から宮中を出入りしながらさまざまな料理を学び、韓国の伝統料理を継承する活動に従事したあと、韓国初の伝統的なお餅とお菓子の専門店を開業しました。現在は3代目のご夫妻がお店を守っています。

「好圓堂」を代表するトゥトプトッは形容詞の두텁다《トゥトプタ》（厚い）が名前の由来で、厚くぼってりとした大福のようなお餅。昔は

トゥトプトッW1万800(小)。ナッツ類のほかシナモンの粉も入っている。このお餅や参鶏湯のような、おいしい食材が詰まった料理とお菓子が大好き

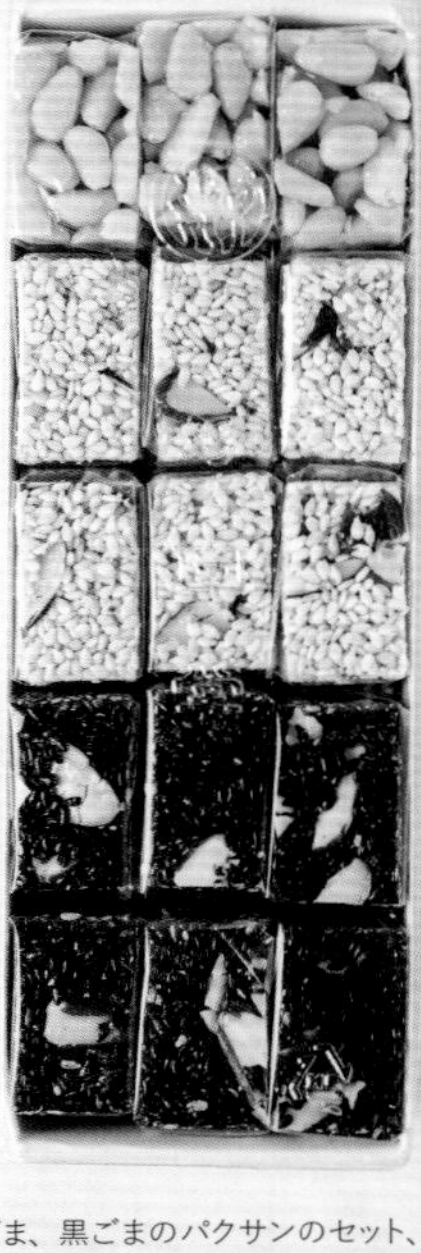

松の実、白ごま、黒ごまのパクサンのセット、チャッケパクサンW3万2400(小)。手が止まらないおいしさ。なかでも松の実のパクサンが絶品!

王様だけが食べていたもので、宮廷での作り方を知っていた趙さんが世間に広めたことで、ほかのお餅屋さんでも作られるようになったのだとか。やわらかなお餅の中に栗や松の実、ナツメ、柚子などがぎっしり詰まっていて、周りにはコドゥというあずきの皮をむき、粉にして炒ったものがまぶされています。

赤いあずきは鬼や幽霊を除けると言い伝えられているので、先祖を祭る祭祀《チェサ》（法事）や茶礼《チャレ》（旧正月や秋夕の祭礼）のお供えものにもなる伝統菓子は、こうした白いあずきが使われることが多いのだそう。お餅の消費期限は当日中なので、ぜひ滞在中に食べていただきたいです。

おみやげにおすすめなのはパクサンという伝統菓子。水飴やはちみつで松の実、ごまなどを四角く固めたもので、箱に詰め合わされた姿もとても美しいものです。こういうお菓子は日本にもあるので、ひょっとしたら味を想像してしまうかもしれませんが、こちらのように繊細で品のある飴菓子は食べたことがありません。使っている材料の質がよく、甘さ控えめ。何より飴の加熱具合が絶妙で、かたすぎず、口の中でほろっとほどけるのです。おいしいもの好きの友人や目上の方に、特別なおみやげとしてぜひ買って帰りたいなと思うものの一つです。

「特別なこだわりはなく、これまで通りやることが大切。それから温度や湿度によって生地の状態が変わるので、天気に合わせて生地の配合を少しずつ変えています」と店主さん。薬菓などもあり、お餅以外の賞味期限は約1カ月だが、2週間以内に食べることを推奨している

## 好圓堂《ホウォンダン》

호원당／ホウォンダン

地 P.156 D-2
住 江南区狎鴎亭路34キル26／강남구 압구정로34길 26
電 02-511-0855
営 8:00〜18:00、土・日曜〜17:00
休 無休
交 地下鉄3号線狎鴎亭駅3番出口から徒歩3分

푸드 앤 그로서리

# フード&グローサリー

## MUJI 江南店 / MUJI 강남점

'20年のリニューアル当時、国内最大規模だった江南店（現在一番大きいのは郊外のスターフィールド高陽店）。さまざまな商品が並ぶが、日本へ持ち帰れないお肉系のものはホテルでおつまみにしたりして楽しんでいる。1階ではお弁当も販売していて、イートインスペースも

ゴンドゥレ（高麗アザミ）ナムルW3900。ピリ辛味もある。クセがなくて食べやすい味。ごはんと混ぜてビビンパに。目玉焼きをのっけて食べるのが好き

白菜キムチW2900。常温保存できておみやげにいい、韓国産の白菜を使ったキムチの缶詰。小さくカットされているので、開けてすぐに食べられる

炒めキムチW2900。キムチをネギ油で炒めてあり、少しまろやか。ごはんにのせたり、ラーメンに入れたり。持ち運びに便利で量もちょうどよく、重宝している

ゴンドゥレ入りえごま油のあえそばW9900（2人前）。韃靼そば粉入りの乾麺とゴンドゥレが入った少し甘めのタレ、えごま油、粉末海苔がセットになっている

韓国のステンレス製スプーン、スッカラW2900とお箸のチョッカラW1900はおみやげに。スッカラは韓国料理に限らず、サーバーとしても重宝する

## 友達みんなに配りたい おみやげ探しにぴったり

日本でおなじみのものはもちろん、オリジナル商品やローカルフードが充実している「MUJI」こと韓国の無印良品。よく知るパッケージがハングルなことにもときめきますが、味もちゃんとおいしくて「無印なら安心」は韓国でも変わらずです。

よく行くのは大きくて品揃えのいい江南店。4フロアにわたって展開していて、行くたびにラインナップが少しずつ変わっているので飽きません。1階は食品とキッチン用品のフロアで、地方のよいものを集めたコーナーがあります。韓国本社の担当者さんが全国各地を回り、韓国ならではの食材やお酒、加工食品をセレクトしているそう。初めて見るマッコリや伝統酒たちはラベルがかわいいものが多く、眺めているだけでも楽しい気持ちになります。同じフロアのポップアップコーナーも見逃せません。毎週異なるブランドの商品を紹介していて、こちらのポップアップがきっかけで知った韓国のお菓子もあります。

文具などが並ぶ3階の一角はショップ・イン・ショップになっていて、延禧洞で大人気のワッペン屋さん「object sangga」や、ポストカード専門店の「POSET」などが入店しています。ポーチやバッグ、巾着など無印良品のアイテムにワッペンを付けられるのはこちらならでは。トートバッグなどにスタンプが押せるコーナーもあり、ハングルのスタンプも用意されています。おみやげを探したり、カスタムしたり。「MUJI」はあれこれ楽しめる場所です。

あわび釜飯キットW9900。お米と一緒に炊くとおいしい炊き込みごはんができる。こちらは自分用に。香ばしいごはんを海苔で巻いて食べるのが好き

ミスカルラテW4900。炒めた玄米、麦などの粉とミルクパウダーでできた穀物ドリンクの素。クッキーやパンケーキなど焼菓子の材料として使うことも

薬飯作りキットW9900。薬飯（ヤッパ）とはもち米にナツメや松の実、醤油などをまぜて蒸した甘いおこわのような伝統菓子。お米と炊くだけで手軽に作れる

フリーズドライのゴンドゥレみそ汁W5900（5個入り）。クセがない青菜のみそ汁で、おにぎりに合う。唐辛子入りでほんのり辛い

フリーズドライのプゴグッ（干しだらのスープ）W5900（5個入り）。たらの出汁が効いていてあっさり。こちらも唐辛子が入っていてほんの少し辛い

高興（コフン）ゆず酒12%W1万5000（500ml）。全羅南道・高興にある醸造所の、特産物のゆずとお米で作ったお酒。甘さ控えめ、ゆずの香りがよい

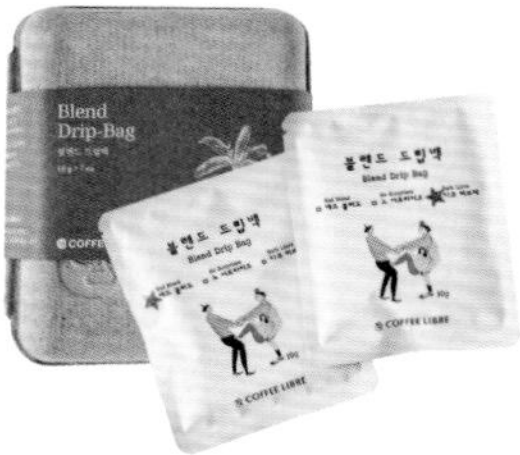


有名なロースタリー、「COFFEE LIBRE」のブレンドドリップバッグW1万（7袋入り）。酸味と軽やかなコーヒーが好きな方へのおみやげに。イラストもかわいい

ウリムの出汁パックW6500（10個入り）。中身は昆布、煮干し、えび、干しだらの頭、唐辛子の種など。複雑で濃厚な出汁がとれるのでリピートしている

## MUJI 江南《カンナム》店

MUJI 강남점／ムジ カンナムジョム

地 P.156 D-3
住 瑞草区江南大路419パゴダタワー地上1~4F／
서초구 강남대로 419 파고다타워 지상 1~4층
電 02-6203-1291
営 11:00～22:00
休 無休
交 地下鉄2号線、新盆唐線江南駅10番出口から徒歩2分
mujikr

생활협동조합

# 韓国の生協

ハンサルリム 阿峴店 / 한살림 아현매장

非組合員でも1割増しの価格で買い物できるのがうれしい。レジ袋の用意はないので必ずマイバッグを持参して。商品ラベルには葉のマークが付いていて、葉の上に種が1粒ある場合は低農薬、2粒は無農薬・低化学肥料、3粒は農薬も化学肥料も使わずに栽培されたことを表す

## 生産者と消費者をつなぎ いいものを分かちあう

観光の旅では少し気づきにくい外観。「ハンサルリム」は、だからこそこの本で紹介したかったお店です。

友人から「きっと好きだと思いますよ」ともらった、韓国海苔と海苔のふりかけ。韓国海苔はおみやげの定番ですが、味が強かったり少し油の酸化も気になったり、実はそれまであまりピンときてなかったのです。こちらはすっきりとしたパッケージのデザインから期待できそう。そして食べてみると、風味がよくやわらかな塩味。とってもおいしい！　次の渡韓ですぐお店に連れていってもらいました。

「ハンサルリム」はソウルのいろんな場所に店舗があるので、滞在するエリアで検索して、自

有機栽培の乾燥コサリ（わらび）W1万3750。2時間ほど水に浸して戻し、茹でて使う。水気をしっかり絞り、硬い茎は切り落として。えごま油と醤油でナムルにするのがおすすめ

国産えごまの粉W1万4520。何にかけてもおいしくなる魔法の粉。常にストックしたいほど気に入っていて、P.152のレシピでも使用。外皮が取り除いてあり口当たりがいい。冷蔵保存

国産えごま油W1万3860。低温で炒めたえごまを圧搾。しっかりとしたコクがある。加熱に向かないので、温かい汁物の仕上げにかけたり、ナムルや冷そば、納豆ごはんに。冷蔵保存

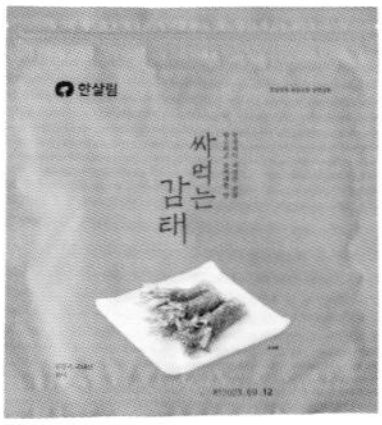


巻いて食べるカムテ（カジメ）W6160。全羅南道・長興（チャンフン）周辺のきれいな海でとれたカジメを海苔のように板状にしたもの。P.151のレシピではおにぎりにしている

松の実粥W5500。国産の松の実と無農薬のもち米、うるち米を原料に使っている。松の実のコクがぎゅっと詰まった滋養のある味。こちらも常にストックしている

黄色の松の実W2万2990。江原道・洪川（ホンチョン）と麟蹄（インジェ）で栽培。皮が適度についていることで、より風味よく感じられる。ビビンパに散らしたり、このままおやつにもいい

五味子（オミジャ）ドリンクW1480。オミジャはベリーのような小さくて赤い果実。こちらは酸味がおだやかで、やさしい味わい。オミジャジュースにメシマコブのエキスを加えている

慶尚北道・尚州（サンジュ）産の有機栽培の乾燥五味子（オミジャ）W3万7950。生は持ち帰れないので、ジュースを作るならこちらの乾燥ものを（P.154で作り方を紹介）

分用やおみやげにと食材をたくさん買って帰っています。普通のスーパーよりは少し割高ですが、百貨店の地下でおみやげを買うのと変わりません。安心でおいしいものが買えたうれしさで、いつもほくほくしています。

　生協は消費者がお金を出して組合員となり、協同で運営・利用する組織。日本だと一般的なスーパーに近い品揃えの生協もありますが、「ハンサルリム」は国より厳しい独自の基準を設け、それをクリアしたもののみが並んでいるので、どれも安心して買うことができます。

　おみやげでは乾物やお菓子を中心に選ぶことが多いのですが、滞在中、機会があれば味わってほしいのが青果。旬の果物や、普通のスーパーでは熟れていない段階で販売されるトマトも、ハンサルリムではしっかり完熟し

国産小麦の穀物ワッフルW2200。穀物のぷちぷちした食感が楽しい、大好きな薄焼きクッキー。バターの味はしっかり感じられるが、油っぽくない。小分けで入っているのでおみやげにも

くるみクッキーW4840。国産小麦で作った厚焼きのさくっと軽いクッキー。甘さ控えめなのがうれしい。福祉作業所で作られていて、販売収益全額が障がい者支援にあてられる

国産小麦の豆腐スナックW3080。国産の豆腐と小麦、発芽全粒粉で作った、薄焼きのカリカリスナック。黒ごまの風味が香ばしい。お店のスタッフさんにも人気だそう

海苔ふりかけW2530。ハンサルリムのごま油、えごま油を使用。ほどよい塩味で、酸化した油の味がしないところがいい。シンプルなパッケージも好きで、おみやげによく買っている

キムプガクW4400。キムプガクとは海苔天のような韓国のお菓子。岩海苔にもち米の衣を絡め、乾燥させたあとに揚げている。サクッと軽い食感。こちらもおみやげに

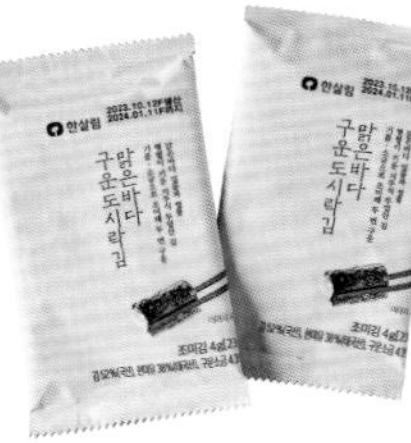


お弁当用焼き海苔W4620(9袋入り)。みんなに分けるのにぴったりの小分けサイズ。一度焼いたあと玄米油とごま油、えごま油を塗り、さらに焼いている。天日塩を使い、ほどよい塩味

## ハンサルリム 阿《ア》峴《ヒョン》店

한살림 아현매장／ハンサルリム アヒョンメジャン

地 P.157 B-2
住 麻浦区麻浦大路195 麻浦レミアンプルジオ101棟 商店街1F／마포구 마포대로 195 마포래미안푸르지오 101동 상가 1층
電 02-362-2255
営 10:00〜20:00、土曜10:00〜19:00、日曜10:00〜17:00
休 無休
交 地下鉄2号線阿峴駅4番出口から徒歩4分
hansalim_official

たものを販売。人気商品となっているそうです。

商品の販売以外に社会活動にも積極的に取り組んでいて、食育の教室や学童保育、空き容器のリサイクルも行っています。特に豆腐のプラスチックパックは「ハンサルリム」の商品に限らず回収していると聞いて驚きました。「生産者、組合員、運営が三位一体となって、持続していくことを大切に考えています。消費者はもちろん大事ですが、生産者が続けられてこその消費者。ハンサルリムの中でいろいろ変化してきたことはありますが、そのモットーだけは変わりません」と話すスタッフさん。生産者をずっとサポートし続けてくれる「ハンサルリム」の姿勢が、また消費者にも支持されるのでしょう。

로컬 앤 굿 디자인

# ローカル＆グッドデザイン

D & DEPARTMENT SEOUL / 디앤디파트먼트 서울

## 作り手が見える長く続くいいもの

初めての渡韓はマート（大型スーパー）や百貨店で食材を買って帰り、それはそれで楽しかったのですが、何度も行くようになるともっとローカルなものに出会いたくなりました。日本ではおなじみの「D&DEPARTMENT」。ソウルは初の海外店舗で'13年にオープン。実は友人からおすすめされたとき「日本のものが多いなら違うかな」と思ったのですが、実際に足を運ぶと、韓国のユーズド食器や地方で作られた食材など、私が知りたかったものがたくさん。次は何に出会えるかなと楽しみに通っています。

同じビルに入るカフェ「Anthracite Coffee」にてレモンマドレーヌとコーヒーで休憩を挟みつつ、ゆっくり時間をかけてお店を回ります。扱う商品は日本と韓国のものが半々くらい。雑貨や食器、食材は国内を中心にセレクトしているそう。どれもスタッフのみなさんが自分で探した、長く続くいいもの。何度も作り手に会いに行き、商品はもちろん、もの作りの考え方に納得ができたら販売するというその姿勢に信頼が深まります。翻訳アプリを片手に商品説明を読むのも楽しい時間です。

私はお菓子屋をしているので、中身とパッケージのバランスは永遠の課題。すごくおいしいのになかなか手に取られない商品があるとしたら残念と思いますが、逆に、パッケージが味を上回ってはいけないと考えています。こちらに並ぶものたちは、外も中もいい、理想的な商品の形だなと思いました。

廣州窯（クァンジュヨ）の蓋つきの調味料皿W3万4000。パンチャン（おかず）を入れたり、コチュジャンやテンジャンなどを入れたり。使い方はいろいろ

JAM POTのフレッシュフルーツジャムW1万4000。元スタッフさんが作る、お茶と旬の国産果物を使ったジャム。凍らせてソルベのようにしてもおいしい

SALTRAINのグレイソルトW1万2000。天日塩で有名な全羅南道・新安（シナン）で、伝統的な方法で作られた塩。やわらかい塩気で韓国料理にも合う

昔からD & DEPARTMENTのファンだったという、デザイン会社MILLIMETER MILLIGRAMが運営している

全羅南道・潭陽（タミャン）は竹の産地。そこに暮らす80歳をこえる職人、ナム・サンボさんが作る竹籠を取り扱う

スタッフさんが韓国の各地で見つけてきたユーズドのコップや食器もリペアして販売

## D & DEPARTMENT SEOUL

디앤디파트먼트 서울／ディエンディパトゥモントゥ ソウル

地 P.156 D-2
住 龍山区梨泰院路240／용산구 이태원로 240
電 02-795-1520
営 12:00〜19:00
休 月曜
交 地下鉄6号線漢江鎮駅3番出口から徒歩7分
d_d_seoul

コサリおにぎり（現在は販売お休み中）。野菜、米はすべて韓国産。材料は韓国各地で買い付けるほか、望遠市場やガヨンさんのお母さんが営む食堂がある金浦（キンポ）からも仕入れる

INTERVIEW COLUMN #4

# 玄米おにぎり

## You never know / 유네버노

### 何に出会えるかはお楽しみ 玄米が主役のグローサリー

ソウルのおすすめを教えてほしいと聞かれても大切すぎてなかなか人に話せない。「You never know」はそれくらい私にとって特別なお店でした。フードコンサルタントとしても活躍するシェフのソク・ガヨンさんがアトリエの一角に構えた、小さなグローサリーストア。おにぎりやお弁当を中心に、グラノーラ、ミスカル（はったい粉のドリンク）にシッケ（米を発酵させた韓国の伝統飲料）など、ガヨンさんが愛する玄米と、韓国各地の旬の食材で作るおいしいものが並びます。ラインナップは毎日変わるので、「今日はどんな食材を使った、どんなものが置かれているかわからない」という意味を込め、店名を「You never know」に。「これから何かが起こるかも」と、わくわくするような前向きな意味があるのも気に入って付けたそう。名前の由来まで素敵です。

私が最初に心を奪われたのは、大きなまんまる玄米おにぎり。コロコロとしたチュ

モッパ（おにぎり）とはまた違う大きなおにぎりを韓国で食べたのはこちらが初めてでした。しかも玄米。この日はえごまと醤油などで味付けたコサリ（わらび）のナムルがたっぷり入っていて、まるでお肉を食べているような食感。「山菜がこんなに豊かな味わいになるとは！」と感動しました。えごまとオーツ、玄米クランチのグラノーラもカリカリと香ばしく、おいしさはもちろん韓国らしさが感じられる組み合わせ。お店を通して韓国の食材の新しい魅力をたくさん知ることができました。

この本でもぜひ紹介したいと心に決めていた私の〝最愛《チェエ》〟でしたが、残念ながら’24年9月をめどに閉店することに。取材後しばらくしてその知らせを聞いたときはとてもかなしかったのですが、それまでは週2日ほど営業し、閉店後（9月より早まる可能性もあり）も近くのカフェでお弁当を販売する予定とのこと。旅行で訪れる人が今後もお弁当を食べられる機会があるならば、と今回取材で聞いたお話を掲載させていただくことになりました。

お店がなくなってしまうのは本当にさみしいけれど、ガヨンさんからの連絡を受け、ソウルで続けていくことの大変さを改めて知る機会になりました。明るく仕事ができて、まとっている空気はやわらかくて、おやさしいガヨンさん。今後はお弁当の内容をさらにパワーアップさせる予定とのことで、今からとても楽しみにしています。

**――以前も同じ望遠《マンウォン》で人気のお店を手がけられていたと聞きました。**

実は最初に手がけたお店も望遠にありました。もともとニューヨークの学校で洋食を学び、卒業後に韓国の城北洞《ソンブクトン》にある「韓国家具博物館」のレストランに勤めていたのですが、そこで系列のグリルレストランなども経験し、独立後はテレビショッピングの料理などを担当するフードスタイリストの仕事に挑戦しました。その後、自分のお店を持ちたいと思い、お店を開くための資金を集めるために、弘大《ホンデ》入口駅の4番出口前の路上で6カ月ほど玄米おにぎりと玄

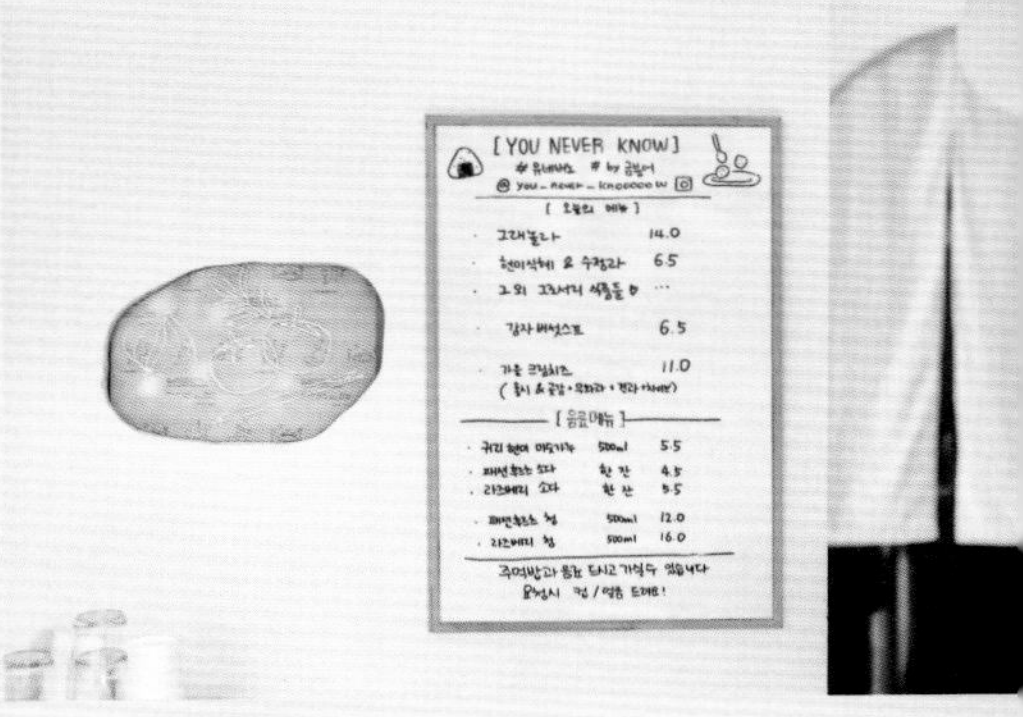


左／おにぎりやお弁当、グラノーラなど、グローサリーが並ぶ棚。下段にはガヨンさんがセレクトしたワイン も　右／毎日手書きで更新されるメニュー表。玄米のミスカルは常連さんに人気で売り切れ必至。イートイン用のメニューにはスープなどもある

米のシッケを販売していました。玄米はその時からずっと私の〝シグニチャー〟です。

**——弘大の駅前で！　なぜ玄米のおにぎりを選んだのでしょうか。**

私は小さい頃から玄米が大好きだったんですが、12年以上前の当時はどちらかというと「ザ・健康食品」というイメージが強く、玄米を使ったおにぎりやキンパ（海苔巻き）を売る店もほとんどありませんでした。朝出勤しながら簡単に食べられるものといえばキンパ。でも、それ以外で玄米を使って何か作れないか考えたとき、思いついたのがおにぎりだったんです。韓国で売られているおにぎりは三角形のごはんに海苔を巻いた三角キンパが一般的なので、私はそうではないものを作りたくて。四角は型を使わないといけないけれど、まるい形ならぎゅっとにぎりやすく、テイクアウトもしやすいので、大きくてまるいおにぎりにしようと決めました。

'13年に望遠で「金魚食堂《クムブンオシクタン》」というお店をオープンし、その後はタイのチェンマイでも2年ほど同名のレストランを運営。帰国後に合井《ハプチョン》で再び「金魚食堂」の名でお店を開き、'20年まで4年ほど続けました。今は飲食店のブランディングやコンサルティングの仕事をしていて、「You never know」は料理の作業をする空間が必要で始めたお店です。そのためレストランというコンセプトではなく、アトリエにおにぎりや食材を販売するショップが付いている感じ。営業は週3〜4日程度。販売するメニューや置いてあるものも常に変わりますが、仕事で韓国の地方に行くことが多いので、各地で仕入れてきたものと季節のものを出すようにしています。たとえば、先週は済州《チェジュ》島に行ったので今日は済州島の食材が中心。この前来ていただいたときに召し上がっていたおにぎりのコサリは江原道のものでしたが、今日は済州島産を使っています。

街路樹に面した窓側のカウンターの席に座って外の景色を眺めながら食べることができるし、持ち帰ってホテルで晩ごはんにも。「You never know」のごはんは心もお腹も満たされる

**——コサリナムルのおにぎりは初めて食べる味で感動しました。**

ありがとうございます。自分が幼い頃から食べなじんでいるものを再現したので、特別なレシピがあるわけじゃないんですが、コサリは韓国でもごま油と醤油であえるのが主流なので、えごまの粉とまぜるのは珍しいかもしれません。生だとふにゃっとしてしまい、乾燥させてこそ食感がよくなるので、質のよい国産の乾燥コサリを使うのもポイント。戻したり茹でたりと手間がかかるので、母から習った方法で丁寧に調理しています。お肉を食べたような満足感があるとおっしゃっていましたが、たしかに韓国ではベジタリアンの人がお肉のかわり

色鮮やかなお弁当W1万1000。基本的な構成は玄米のミニおにぎり4つ、焼き野菜、自家製ドレッシング付きのサラダ、季節の果物。この日の果物はイチジク

にコサリを食べることも多いです。

**――閉店後もお弁当は販売予定があると聞いてうれしかったです。**

今は毎日のようにお店が生まれ消えていく時代。お店を維持するための費用もどんどん高騰し、ずっと続けていくのは本当に大変なことだと痛感しています。「金魚食堂」で3度の変化を経験し心も体も疲弊していた私は、コンサルティングの仕事を通して慶州《キョンジュ》、釜山、南海《ナメ》、済州など地方を回るようになり、これまで知らなかった材料に触れ「また何かをやってみたい」という思いを取り戻すことができました。自分のアトリエで地方の食材を使った料理を作り、ポップアップのように販売しようと始めたのが「You never know」でした。おにぎりとお弁当だけでなく、ソース、ドリンク、ジャム、ミールキットなど、当初意図したものとは違う方向にも進みましたが、ゆっくりと「自分の色」を再確認することができました。残りの期間は「金魚食堂玄米弁当《ヒョンミトシラッ》」という店名で、玄米ごはんやミニおにぎりのワンプレートメニューを提供し、イートインとテイクアウトで営業する予定です。その後もお弁当は望遠の「Tati.Coffice」(@tati.coffice)で販売する予定なので、楽しみにしていてください。旬の食材と玄米というスタイルは今後も私が料理をする限りずっと続けていきたいと思っています。

다음에 또 봬요

## You never know

유네버노／ユネボノ

地 P.157 A-2
住 麻浦区喜雨亭路106 2階／마포구 희우정로106 2층
電 02-3789-4833
営 13:00～20:00、土・日曜13:00～19:00
（毎月の営業日はInstagram参照）
休 不定休（Instagram参照）
交 地下鉄6号線望遠駅2番出口から徒歩12分
Instagram by_ga_ga_gold_dosirak
※2024年9月閉店予定（早まる可能性あり）

研究レポート #4

# ホドゥグァジャの旅

ホドゥグァジャは見た目もくるみのような形

호두과자（ホドゥグァジャ）＝くるみまんじゅうは、街角や駅の構内で気軽に買うことができる昔ながらのおやつ。焼きたてはサクッと香ばしく、中はふんわりカステラのよう。とろりと甘いこしあんとくるみが入っています。

初めて食べてそのおいしさに感動し、以来いろんなお店を巡りましたが、最初のような味になかなか出会えないのです。韓国の友人においしいお店を尋ねても「どこも同じでは?」とつれない返事。日本のベビーカステラ、はたまた人形焼のような素朴なおやつ、ホドゥグァジャに、順位をつけるのはそもそも野暮なこと。それに気づいたのはだいぶあとになってからでした。

そしておいしいホドゥグァジャが見つからないと思っていた原因は、どうやら私の食べ方にもあったようです。

ホドゥグァジャは生地自体のお砂糖が多くないため、冷めたまま食べるとぽそっと感じることがあります。ならばと温めてみると……あのときの味に！　それからは必ずリベイクするようになりました。

お皿にのせてラップをせずにレンジで20秒チン、さらにトースターで30秒ほど温めるとカリカリとろりのしあわせ。もちろん、ホテルのレンジで軽く温めるだけでも全然違います。

例外的に温めなくてもおいしかったのは、コンビニで売られている袋入りホドゥグァジャ。少し洋風な空気をまとっていて、これはこれでアメリカーノと一緒におやつに食べたい味わいでした。

コンビニで見つけた
袋入りホドゥグァジャ

# 5章
# おみやげレシピ

旅のテンションであれもこれもと買ったおみやげ、
なのに使い方がよくわからない ...。そんなことありませんか？
なかでもおすすめの食べ方は？と聞かれることが多い食材たちと、
韓国ならではの製菓道具のたのしみ方をご紹介します。

薬菓型で

# 薬菓

お花のような形の生地に蜜をたっぷり浸した薬菓は、
しっとり甘く、伝統菓子として
日本でも知られるようになりました。
じっくり油で揚げて作るのが本来の作り方ですが、
生地を工夫してオーブンで作るレシピをご紹介します。

## 약과

### 材料（直径3.5cmの型16個分）

シロップ
- きび砂糖……100g
- 水……100g
- はちみつ……20g

しょうがのしぼり汁……小さじ1

A
- 太白ごま油（またはくせのない油）……30g
- ごま油……5g
- 酒……10g
- 塩……ひとつまみ

B
- 中力粉……100g
- シナモンパウダー……小さじ1/5
- ベーキングパウダー……半つまみ

### 準備

・シロップの材料を小鍋に入れて中火にかけ、ヘラで混ぜ、沸騰したら約3分煮詰める。20gは生地用にとり分け、残りはしょうがのしぼり汁を加える。

・オーブンを160℃に予熱する。

### 作り方

1. 生地用のシロップ（20g）とAをボウルに入れ、泡立て器で白っぽくとろりと乳化するまでよく混ぜる（写真①）。
2. Bをふるい入れ、へらで粉けがなくなるまで混ぜる。
3. 油（分量外）を塗った型（P.111参照）に生地を10gずつ詰め、取り出して（写真②）、オーブンシートを敷いた天板に並べる。
4. オーブンで約22分、薄く色づくまで焼く。

＊中まで火は通っているが
真ん中はほんの少しやわらかい加減がベスト

5. 熱々をしょうが入りのシロップにくぐらせ、網の上にとって乾かす（写真③）。

＊さっとくぐらせるとさっくりやさしい甘さ、長く浸すとしっとり甘くなります。

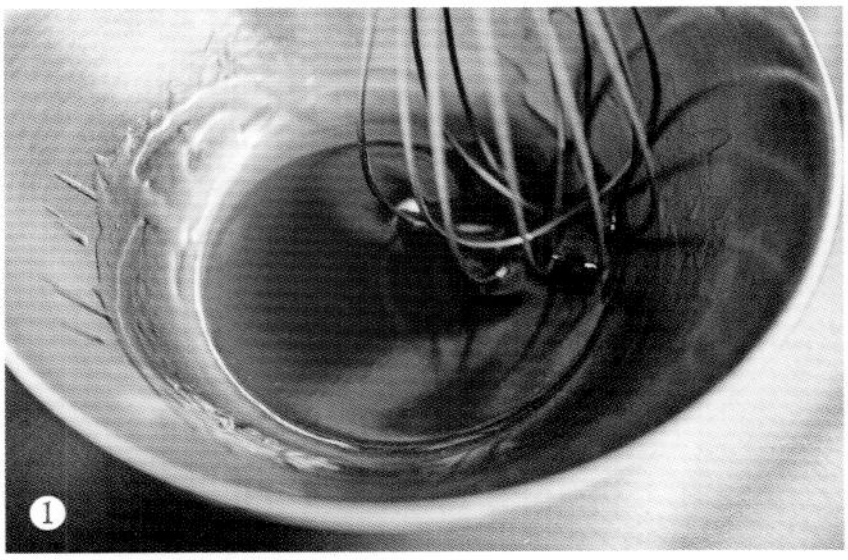

小さめのころんとした形の中に、こしあんとくるみ（ホドゥ）入り。
どこか日本のお菓子にも通じる、懐かしさを感じるおやつです。
焼きたての熱々をどうぞ。

ホドゥ
グァジャ型で

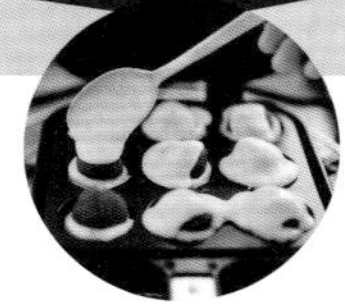

# ホドゥグァジャ

호두과자

## 材料（約25〜30個分）

溶き卵……1/2個分
牛乳……80g
溶かしバター…… 5g
ホットケーキミックス……1/2袋（約80g）
こしあん（市販品）……300g
くるみ（ロースト）……30g

## 準備

・くるみは1個に1/2片くらいが入るよう、手で砕く。
・あんこは丸めたときに手につかないくらいの柔らかさに調整する。ぺたぺたして水っぽい場合は、電子レンジで様子を見ながら数分加熱し、水けを飛ばす。
・あんこは10gずつに分け、中にくるみを入れて丸め、あんこ玉にする。

## 作り方

1. ボウルに卵、牛乳、溶かしバターの順に入れ、そのつど泡立て器でよく混ぜる。ホットケーキミックスも加え、粉けがなくなるまで混ぜる。
2. ホドゥグァジャ専用のフライパン（P.111参照）を弱火で熱し（フライパンが安定しにくい場合は焼き網などを下に置く）、油（分量外）をはけで薄く塗る。スプーンで生地を型の1/3まで入れ、あんこ玉を真ん中に置き、生地を少量上にかける。
3. ふたをして、両面によい焼き色がつくまで、時々裏返しながら5~7分焼く。

＊冷めたら、電子レンジ（500W）で約20秒加熱＋トースターで約30秒温めると、焼きたてによみがえる。

# 쑥마들렌

よもぎはお餅などの伝統菓子に使われていますが、
数年前からはパン屋さんやカフェのスイーツでも見かけるようになりました。
乳製品とよもぎ、とっても相性がいいんです。
粉になじみやすい、粒子の細かいタイプを使ってみてください。

よもぎ粉で

## よもぎのマドレーヌ

### 材料（7cmのマドレーヌ型6〜7個分）

A
- 卵……1個
- グラニュー糖……35g
- はちみつ……10g
- 塩……少々

- よもぎパウダー……大さじ1（5g）
- 水……大さじ1

B
- 薄力粉……45g
- ベーキングパウダー……小さじ1/2（1.5g）

バター（食塩不使用）……60g

### 準備

・よもぎパウダーと水を混ぜておく。
・型にバター（分量外）を薄く塗る。
・バターを湯せんにかけて溶かし、保温しておく。

### 作り方

1. ボウルにAを入れ、湯せんにかけて泡立て器ですり混ぜる。はちみつ、グラニュー糖がなじみ、人肌くらいに温まったら湯せんからはずし、よもぎを加えて混ぜる。
2. Bを合わせてふるい入れ、泡立て器で粉けがなくなるまで混ぜる。
3. バターを加え、油分がなじむまでさっと混ぜる。ラップをかけ、冷蔵室で約1時間休ませる。
4. オーブンを180℃に予熱する。スプーンで型の8分目まで生地を入れ、約12分焼く。型からはずして網の上で冷ます。

○他にはこんな使い方も

クッキーやマフィン、シフォンケーキなど、焼菓子全般に使ったり、ミルクで割ってよもぎラテにしても。

ごまとはまた違う風味と旨みがあるえごま。
好きすぎて、日々のごはんになくてはならない存在です。
油で炒めてしっかり煮込んだわかめに、
えごま粉がからんでまろやかな味わいに。

えごま粉で

# わかめスープ

材料（2人分）

わかめ（乾燥/カットタイプ）
……5g（大さじ1）
にんにくのみじん切り……1/2片分
ごま油……小さじ1
┌ 煮干し……15g
└ 水……500mℓ
薄口しょうゆ……小さじ1と1/2
えごま粉……大さじ2
塩……適量

準備

・わかめはたっぷりの水で戻し、さっと洗って水けをしっかり絞る。
・煮干しと水を鍋に入れて中火にかけ、沸騰したら弱火にして5分煮る。ざるでこし、だし汁をとる。400mℓ用意する。

作り方

1. 鍋にごま油を入れて中火で熱し、わかめを1分ほど炒める。
2. だし汁、にんにくを加え、沸騰したら火を少し弱めて約15分煮込む。しょうゆ、えごま粉を加え、塩で味を調える。

○他にはこんな使い方も

スープやチゲ、みそ汁に。ナムルやあえものに。開封後の保存は冷蔵室で。

メッシュ状のビジュアルがおもしろいカムテは、
コンブ科のカジメを板のり状にして焼いたもの。
のりより風味がやさしいので食べる直前にさっとあぶり、
食感の特徴が生きるよう、巻きたてをどうぞ。

カムテで

# カムテおにぎり

材料（2人分）

米……1合
A
- ごま油……大さじ1
- 塩……小さじ1/5
- 白いりごま……大さじ1/2

カムテ（全形）……1~2枚
辛子明太子……1/2〜2/3腹

準備

・米は通常の水加減で炊く。
・フライパンを弱火で熱し、カムテの両面をかるくあぶる。巻きやすいサイズに切る。

作り方

1. ボウルに温かいごはんを入れ、Aを加えてさっくり混ぜる。
2. 薄皮を取った明太子を中に入れ、ごはんを小さめのたわら形ににぎる。カムテを巻く。

○他にはこんな使い方も

生野菜や刺身を包んで。チーズや珍味系にも合う。

감태주먹밥

油であえるだけの手軽さながら、えごまのコクと甘みのあるしょうゆたれで、
毎回もっと食べたい、となるやみつき麺です。
元祖は京畿道のマッククス屋さんとか。
新鮮で風味のよい、おいしいえごま油を使うのがポイントです。

えごま油で

# えごま油のあえそば

**材料（1人分）**

そば（乾麺）……100g

＊細麺で、そばの風味が強すぎないもの（小麦粉が多めのもの）が合う

えごま油……大さじ1

めんつゆ（3倍濃縮）……大さじ1

えごま粉（またはすりごま）……大さじ1/2

焼きのり（全形）……1/2〜1枚

**準備**

・器にめんつゆとえごま油を入れておく。

・のりはミルサーで粉末にするか、細かくちぎる。

**作り方**

1. そばは袋の表示通りにゆで、水で締めてしっかり水けをきり、器に盛る。
2. えごま粉とのりをふる。よく混ぜていただく。

○他にはこんな使い方も

ナムル、卵かけごはん、リーフサラダなどにしょうゆと合わせて。酸化しやすいので加熱はNG。冷蔵保存して早めに使いきる。

들기름 막국수

市場やスーパーでたくさん見かける
乾燥野菜の中でも、韓国らしい！
と思うのがゴンドゥレ（高麗アザミ）。
食物繊維が豊富で、クセがなく
とっても食べやすいんです。
目玉焼きをのせて
ビビンパにするのもおすすめ。

乾燥
ゴンドゥレで

# ゴンドゥレごはん

材料（4人分）

ゴンドゥレ（乾燥）……15g
米……２合
塩……小さじ1/3
ごま油……大さじ1
たれ（作りやすい分量）
- しょうゆ……50mℓ
- 砂糖……小さじ1
- 韓国産粉とうがらし……小さじ1/2〜1
- 長ねぎのみじん切り……大さじ1
- にんにくのみじん切り……1/4片分
- いり白ごま……小さじ1
- ごま油……大さじ1

곤드레밥

準備

・大きいボウルにゴンドゥレを入れてたっぷりの湯を注ぎ、２時間ほど置いて戻す。途中、水が茶色くなったら１～２回水を替える。
・米は洗って通常の水加減にして、炊飯釜で約30分浸水する。

作り方

1. ゴンドゥレはざるにとってさっと洗い、水けをしっかり絞り、食べやすく切る。塩とごま油をもみ込む。
2. 米の上に1をのせて炊飯器で炊く。
3. たれの材料を合わせ、ごはんに添えていただく。

○他にはこんな使い方も

ナムルやチゲ、スープなどに。

秋になると市場に出回る真っ赤な実、オミジャ。
シロップにしてエイドにしたり、温めていただいたり。
甘酸っぱくて飲みやすいので、
韓国の伝統茶としていちばん知られた存在かもしれません。

五味子
（オミジャ）で

# オミジャ茶

오미자차

**材料（6〜7杯分）**

オミジャ（乾燥）……40g
きび砂糖……100g
ぬるま湯……500mℓ
＊沸騰させ人肌まで冷ましたもの。
熱湯だと渋みが出る

**作り方**

1. オミジャはたっぷりの水で洗い、水けをきってペーパータオルなどでふき、ボウルに入れる。砂糖を加えてスプーンで混ぜて、よくなじませる。
2. 清潔な保存瓶に入れ、ぬるま湯を注いで軽く混ぜる。冬は室内の涼しい場所で半日、それ以外は冷蔵室で1日おく。実がふっくら戻るまでが目安。
   ＊長く漬けすぎると渋みが出る。
3. 目の細かいざるで、押し付けずにやさしくこす。味をみて好みの加減に水で薄める。ホットの場合は沸騰させない程度に温める。
   ＊冷蔵室で保存し、保存は3日間。

〇他にはこんな使い方も

凍らせてシャーベットにしたり、ゼリーにしても。

研究レポート　#5

# 韓国でからだを整える

ソウルには「薬令市」という朝鮮人参などの韓方食材を扱う市場があったり、若い人たちはスティック状になった韓方エキスを日常的に飲んでいたり、自然のものでからだを整えるという考え方が広く浸透しているように思います。

診察を受けた韓医院「キム・ギジュンポム韓医院」にて
www.kijoonbom.com

これらの基となる韓医学に以前から興味があり、診察を受けられる「韓医院（ハニウォン）」を訪ねてみることにしました。問診表に記入し、簡単な検査のあと、先生の診察を受けます。脈を診ていただくとすぐ私の不調をぴたりと当てられて、何だかどきどき。とはいえ終始おだやかな先生のお話は、なんだか聞いているだけでヒーリング効果がありそう。生活習慣のアドバイスをいただき、エキス状の韓方薬を処方してもらいました。当時かなりのハードスケジュールだったのですが、この日々を乗り越えられたのはきっと韓方薬のおかげではと思っています。

江南駅12番出口を出てすぐにある薬局「Aタワー薬局」

病院にいくまでではないけれど、ちょっとした不調があるときは、「약（薬）」の看板が目印の薬局へ行くこともあります。観光客が多いエリアなら日本語がわかる方がいたり、相談にのってもらえます。

以前、乾燥で喉が腫れてしまったときは、友人がくれたハーブキャンディに助けられました。ミントとカリン入りの強力にスースーするキャンディーを舐め続けていたら、いつの間にか痛みがなくなっていたのです。コンビニで買える手軽さもうれしく、渡韓のたびにストックしています。

美容には疎い私ですが、これからも韓医学でゆるやかに体を整えられたらいいなと思っています。

ストックしているロッテのハーブキャンディ

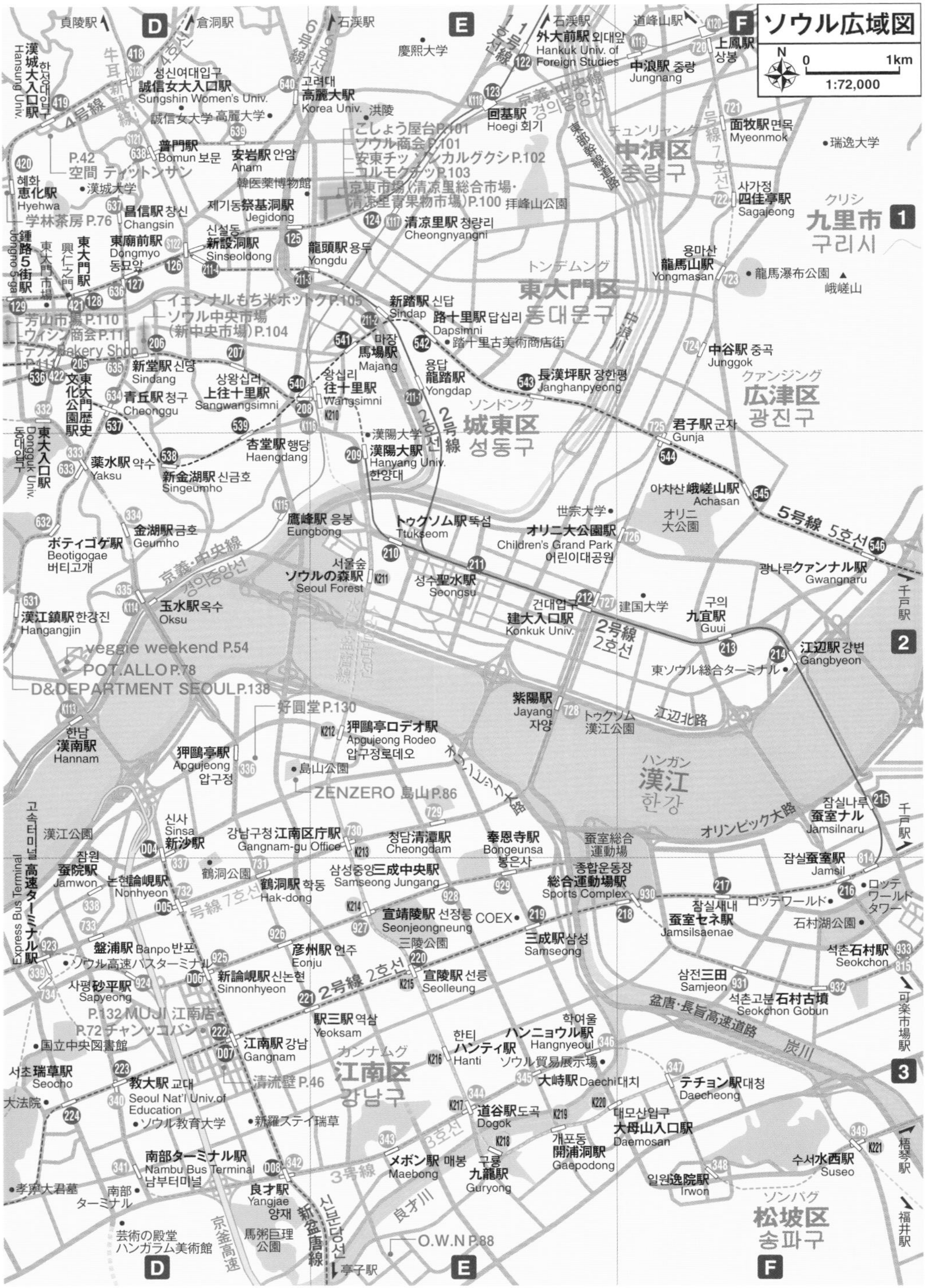

ソウル広域図
N 0 1km
1:72,000
D
E
F
貞陵駅
倉洞駅
石渓駅
4号線
6号線
1号線
牛耳新設線
418
S120
419
漢城大入口駅 한성대입구 Hansung Univ.
성신여대입구
誠信女大入口駅
Sungshin Women's Univ.
誠信女大学
高麗大学
640
고려대
高麗大駅
Korea Univ.
洪陵
慶熙大学
外大前駅 외대앞
Hankuk Univ. of Foreign Studies
石渓駅
道峰山駅
K120
上鳳駅
상봉
K119
720
中浪駅 중랑
Jungnang
122
123
K118
回基駅
Hoegi 회기
京義・中央線
경의중앙선
東部幹線道路
721
面牧駅 면목
Myeonmok
瑞逸大学
中浪区《チュンリャング》
중랑구
7号線 7호선
S121
638
普門駅
Bomun 보문
639
安岩駅 안암
Anam
P.42 空間 ティットンサン
こしょう屋台 P.101
ソウル商会 P.101
安東チッソンカルグクシ P.102
コルモクチッ P.103
韓医薬博物館
京東市場(清凉里総合市場・清凉里青果物市場)P.100
拝峰山公園
420
혜화
恵化駅
Hyehwa
漢城大学
637
昌信駅 창신
Changsin
제기동 祭基洞駅
Jegidong
124
K117
清凉里駅 청량리
Cheongnyangni
사가정
722
四佳亭駅
Sagajeong
九里市《クリシ》
구리시
1
学林茶房 P.76
鍾路5街駅
Jongno 5-ga
東大門市場
興仁之門
東大門駅
東廟前駅
Dongmyo
동묘앞
S122
126
636
127
신설동
新設洞駅
Sinseoldong
211-4
125
龍頭駅 용두
Yongdu
용마산
龍馬山駅
Yongmasan
723
龍馬瀑布公園
峨嵯山
東大門区《トンデムング》
동대문구
211-3
129
421
128
イェンナルもち米ホットク P.105
ソウル中央市場(新中央市場)P.104
芳山市場 P.110
ウィシン商会 P.111
テノンBakery Shop P.111
206
207
新踏駅 신답
Sindap
211-2
路十里駅 답십리
Dapsimni
踏十里古美術商店街
541
542
마장
馬場駅
Majang
中浪川
724
中谷駅 중곡
Junggok
205
536
422
635
新堂駅 신당
Sindang
상왕십리
上往十里駅
Sangwangsimni
540
왕십리
往十里駅
Wangsimni
208
K210
211-1
용답
龍踏駅
Yongdap
543
長漢坪駅 장한평
Janghanpyeong
広津区《クァンジング》
광진구
東大門歴史文化公園駅
634
青丘駅 청구
Cheonggu
537
332
539
K116
城東区《ソンドング》
성동구
2号線 2호선
漢陽大学
725
君子駅 군자
Gunja
544
東大入口駅
Dongguk Univ.
동대입구
333
633
薬水駅 약수
Yaksu
538
新金湖駅 신금호
Singeumho
杏堂駅 행당
Haengdang
209
漢陽大駅
Hanyang Univ.
한양대
아차산 峨嵯山駅
Achasan
545
オリニ大公園
世宗大学
632
334
金湖駅 금호
Geumho
ボティゴゲ駅
Beotigogae
버티고개
K115
鷹峰駅 응봉
Eungbong
トゥクソム駅 뚝섬
Ttukseom
オリニ大公園駅
Children's Grand Park
어린이대공원
726
5号線 5호선
546
京義・中央線
경의중앙선
210
서울숲
ソウルの森駅
Seoul Forest
K211
211
성수 聖水駅
Seongsu
광나루 クァンナル駅
Gwangnaru
千戸駅
335
631
K114
玉水駅 옥수
Oksu
漢江鎮駅 한강진
Hangangjin
건대입구
212
727
建国大学
建大入口駅
Konkuk Univ.
2号線 2호선
구의
九宜駅
Guui
213
214
江辺駅 강변
Gangbyeon
2
veggie weekend P.54
POT.ALLO P.78
D&DEPARTMENT SEOUL P.138
東ソウル総合ターミナル
K113
好圓堂 P.130
紫陽駅
Jayang
자양
728
トゥクソム漢江公園
江辺北路
한남
漢南駅
Hannam
K212
狎鷗亭ロデオ駅
Apgujeong Rodeo
압구정로데오
狎鷗亭駅
Apgujeong
압구정
336
島山公園
ZENZERO 島山 P.86
漢江《ハンガン》
한강
729
オリンピック大路
잠실나루
蚕室ナル
Jamsilnaru
215
千戸駅
漢江公園
신사
Sinsa
新沙駅
강남구청 江南区庁駅
Gangnam-gu Office
730
청담 清潭駅
Cheongdam
奉恩寺駅
Bongeunsa
봉은사
蚕室総合運動場
D04
337
잠원
蚕院駅
Jamwon
논현 論峴駅
Nonhyeon
鶴洞公園
731
鶴洞駅 학동
Hak-dong
K213
삼성중앙 三成中央駅
Samseong Jungang
종합운동장
総合運動場駅
Sports Complex
잠실 蚕室駅
Jamsil
814
732
D05
7号線 7호선
338
928
929
930
217
216
ロッテワールドタワー
ロッテワールド
잠실새내
蚕室セネ駅
Jamsilsaenae
218
石村湖公園
733
K214
宣靖陵駅 선정릉
Seonjeongneung
927
COEX
219
三成駅 삼성
Samseong
高速ターミナル駅
Express Bus Terminal
고속터미널
923
盤浦駅 Banpo 반포
926
彦州駅 언주
Eonju
三陵公園
220
석촌 石村駅
Seokchon
933
815
ソウル高速バスターミナル
925
339
734
사평 砂平駅
Sapyeong
924
D06
新論峴駅 신논현
Sinnonhyeon
221
2号線 2호선
K215
宣陵駅 선릉
Seolleung
삼전 三田
Samjeon
931
932
석촌고분 石村古墳
Seokchon Gobun
可楽市場駅
盆唐・長旨高速道路
炭川
P.132 MUJI 江南店
P.72 チャンツコバン
駅三駅 역삼
Yeoksam
학여울
ハンニョウル駅
Hangnyeoul
国立中央図書館
222
江南駅 강남
Gangnam
D07
한티
ハンティ駅
Hanti
K216
ソウル貿易展示場
346
江南区《カンナムグ》
강남구
清流壁 P.46
3
서초 瑞草駅
Seocho
223
教大駅 교대
Seoul Nat'l Univ. of Education
340
ソウル教育大学
345
大峙駅 Daechi 대치
347
テチョン駅 대청
Daecheong
大法院
224
344
K217
道谷駅 도곡
Dogok
K220
K219
대모산입구
大母山入口駅
Daemosan
新羅ステイ瑞草
349
K221
梧琴駅
343
3号線 3호선
メボン駅 매봉
Maebong
K218
구룡
九龍駅
Guryong
개포동
開浦洞駅
Gaepodong
수서 水西駅
Suseo
341
南部ターミナル駅
Nambu Bus Terminal
남부터미널
D08
342
348
일원 逸院駅
Irwon
孝寧大君墓
南部ターミナル
良才駅
Yangjae
양재
新盆唐線
신분당선
良才川
松坡区《ソンパグ》
송파구
福井駅
芸術の殿堂 ハンガラム美術館
京釜高速
馬粥巨理公園
O.W.N P.88
亭子駅

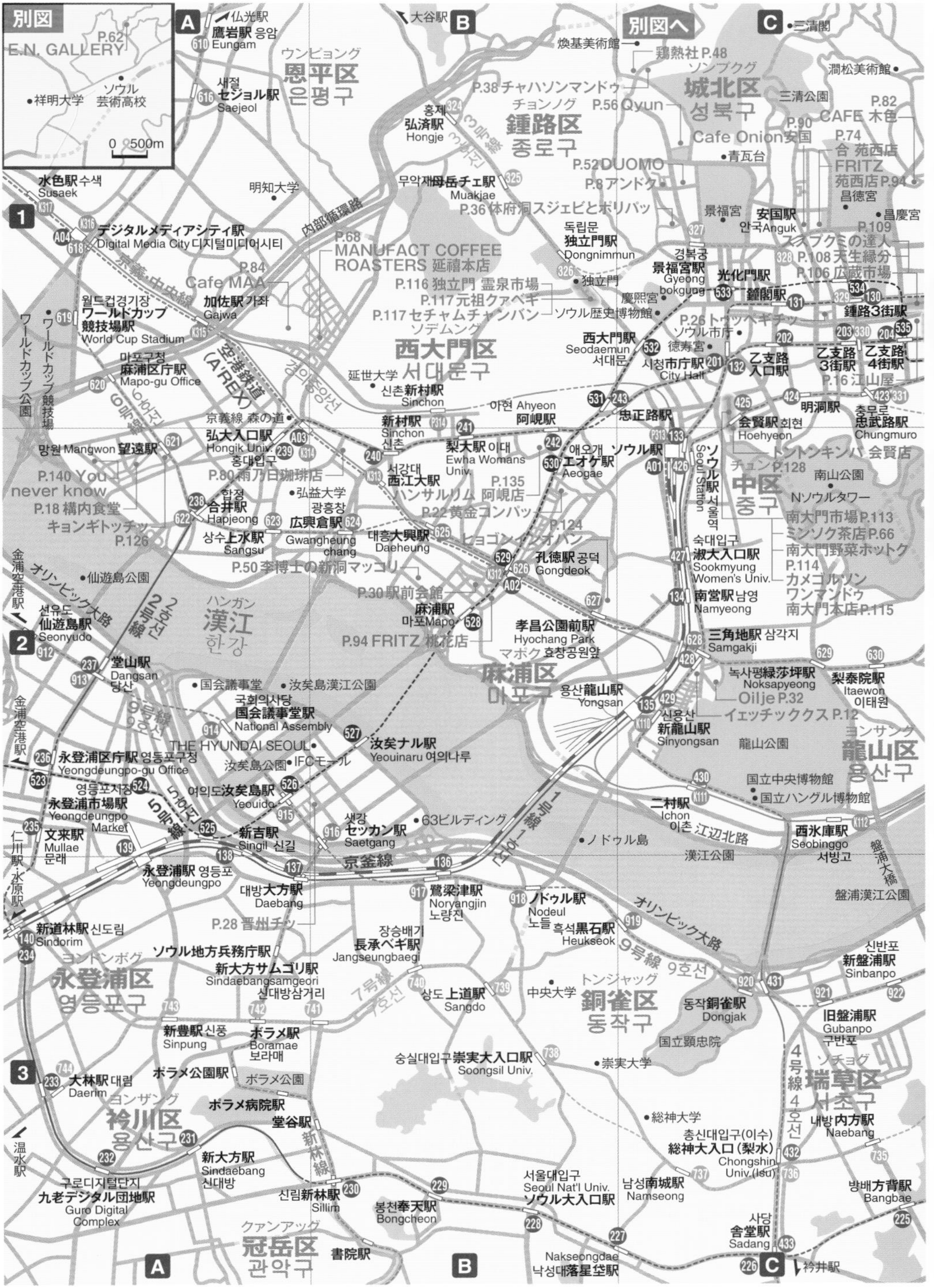

別図
P.62
E.N. GALLERY
祥明大学
ソウル芸術高校
0 500m
A
仏光駅
大谷駅
B
別図へ
C
三清閣
鷹岩駅 응암
Eungam
새절
セジョル駅
Saejeol
恩平区《ウンピョング》
은평구
煥基美術館
鶏熱社 P.48
城北区《ソンブクグ》
성북구
澗松美術館
三清公園
P.82
CAFE 木色
P.38 チャハソンマンドゥ
鍾路区《チョンノグ》
종로구
P.56 Qyun
P.90
Cafe Onion安国
P.74
合 苑西店
FRITZ
苑西店 P.94
昌徳宮
홍제
弘済駅
Hongje
3号線
3호선
●青瓦台
P.52 DUOMO
P.8 アンドク
무악재 母岳チェ駅
Muakjae
P.36 体府洞スジェビとポリパッ
景福宮
安国駅
안국 Anguk
●昌慶宮
P.109
スプクミの達人
P.108 天生縁分
P.106 広蔵市場
水色駅 수색
Susaek
明知大学
内部循環路
독립문
独立門駅
Dongnimmun
경복궁
景福宮駅
Gyeong bokgung
光化門駅
鍾閣駅
鍾路3街駅
デジタルメディアシティ駅
Digital Media City 디지털미디어시티
P.68
MANUFACT COFFEE ROASTERS 延禧本店
●独立門
慶熙宮
P.84
Cafe MAA
P.116 独立門 霊泉市場
P.117 元祖クァベギ
P.117 セチャムチャンバン
ソウル歴史博物館
P.26 トゥッペギチッ
ソウル市庁
徳寿宮
京義・中央線
월드컵경기장
ワールドカップ競技場駅
World Cup Stadium
ワールドカップ公園
ワールドカップ競技場
加佐駅 가좌
Gajwa
空港鉄道(A'REX)
西大門区《ソデムング》
서대문구
西大門駅
Seodaemun
서대문
시청 市庁駅
City Hall
乙支路入口駅
乙支路3街駅
乙支路4街駅
P.16 江山屋
마포구청
麻浦区庁駅
Mapo-gu Office
延世大学
신촌 新村駅
Sinchon
6号線
6호선
京義線 森の道
아현 Ahyeon
阿峴駅
忠正路駅
明洞駅
충무로
忠武路駅
Chungmuro
会賢駅 회현
Hoehyeon
망원 Mangwon 望遠駅
弘大入口駅
Hongik Univ.
홍대입구
新村駅
Sinchon
신촌
梨大駅 이대
Ewha Womans Univ.
애오개
エオゲ駅
Aeogae
ソウル駅
Seoul Station
ソウル駅 서울역
トントンキンパ 会賢店
南山公園
P.128
中区《チュング》
중구
Nソウルタワー
P.140 You never know
P.80 雨乃日珈琲店
서강대
西江大駅
ハンサルリム 阿峴店
P.135
P.18 構内食堂
合井駅
합정
Hapjeong
弘益大学
광흥창
広興倉駅
Gwangheung chang
P.22 黄金コンパッ
南大門市場 P.113
ミシソク茶店 P.66
南大門野菜ホットク
キョンギトッチッ
P.126
상수 上水駅
Sangsu
대흥 大興駅
Daeheung
ヒョゴンイネオバン
P.124
孔徳駅 공덕
Gongdeok
숙대입구
淑大入口駅
Sookmyung Women's Univ.
P.114
カメゴルソン ワンマンドゥ 南大門本店 P.115
金浦空港駅
オリンピック大路
仙遊島公園
P.50 李博士の新洞マッコリ
선유도
仙遊島駅
Seonyudo
2号線
2호선
漢江《ハンガン》
한강
P.30 駅前会館
麻浦駅
마포 Mapo
南営駅 남영
Namyeong
孝昌公園前駅
Hyochang Park
효창공원앞
三角地駅 삼각지
Samgakji
P.94 FRITZ 桃花店
堂山駅
Dangsan
당산
麻浦区《マポグ》
마포구
녹사평
緑莎坪駅
Noksapyeong
梨泰院駅
Itaewon
이태원
国会議事堂
汝矣島漢江公園
용산 龍山駅
Yongsan
Oilje P.32
イェッチックス P.12
국회의사당
国会議事堂駅
National Assembly
9号線
9호선
신용산
新龍山駅
Sinyongsan
龍山区《ヨンサング》
용산구
THE HYUNDAI SEOUL
汝矣ナル駅
Yeouinaru 여의나루
龍山公園
金浦空港駅
永登浦区庁駅 영등포구청
Yeongdeungpo-gu Office
汝矣島公園
IFCモール
国立中央博物館
国立ハングル博物館
영등포시장
永登浦市場駅
Yeongdeungpo Market
여의도 汝矣島駅
Yeouido
5号線
5호선
二村駅
Ichon
이촌
江辺北路
西氷庫駅
Seobinggo
서빙고
文来駅
Mullae
문래
新吉駅
Singil 신길
생강
セッカン駅
Saetgang
63ビルディング
1号線
1호선
ノドゥル島
漢江公園
盤浦大橋
仁川駅・水原駅
永登浦駅 영등포
Yeongdeungpo
京釜線
盤浦漢江公園
대방 大方駅
Daebang
鷺梁津駅
Noryangjin
노량진
ノドゥル駅
Nodeul
노들
흑석 黒石駅
Heukseok
オリンピック大路
新道林駅 신도림
Sindorim
P.28 晋州チッ
장승배기
長承ベギ駅
Jangseungbaegi
신반포
新盤浦駅
Sinbanpo
ヨンドゥンポグ
ソウル地方兵務庁駅
新大方サムゴリ駅
Sindaebangsamgeori
신대방삼거리
9号線 9호선
永登浦区
영등포구
7号線
7호선
상도 上道駅
Sangdo
中央大学
トンジャッグ
銅雀区
동작구
동작 銅雀駅
Dongjak
旧盤浦駅
Gubanpo
구반포
新豊駅 신풍
Sinpung
ボラメ駅
Boramae
보라매
国立顕忠院
숭실대입구 崇実大入口駅
Soongsil Univ.
崇実大学
大林駅 대림
Daerim
ボラメ公園駅
ボラメ公園
4号線
4호선
瑞草区《ソチョグ》
서초구
ヨンザング
衿川区
용산구
ボラメ病院駅
堂谷駅
総神大学
新林線
총신대입구(이수)
総神大入口(梨水)
Chongshin Univ.(Isu)
내방 内方駅
Naebang
温水駅
新大方駅
Sindaebang
신대방
구로디지털단지
九老デジタル団地駅
Guro Digital Complex
신림 新林駅
Sillim
봉천 奉天駅
Bongcheon
서울대입구
Seoul Nat'l Univ.
ソウル大入口駅
남성 南城駅
Namseong
방배 方背駅
Bangbae
사당
舎堂駅
Sadang
冠岳区《クァンアッグ》
관악구
書院駅
Nakseongdae
낙성대 落星垈駅
衿井駅

각종 비니루 전문 판매업체
대명비니루
T.2277-4601
SAMSUNG
Carrier
캐리어

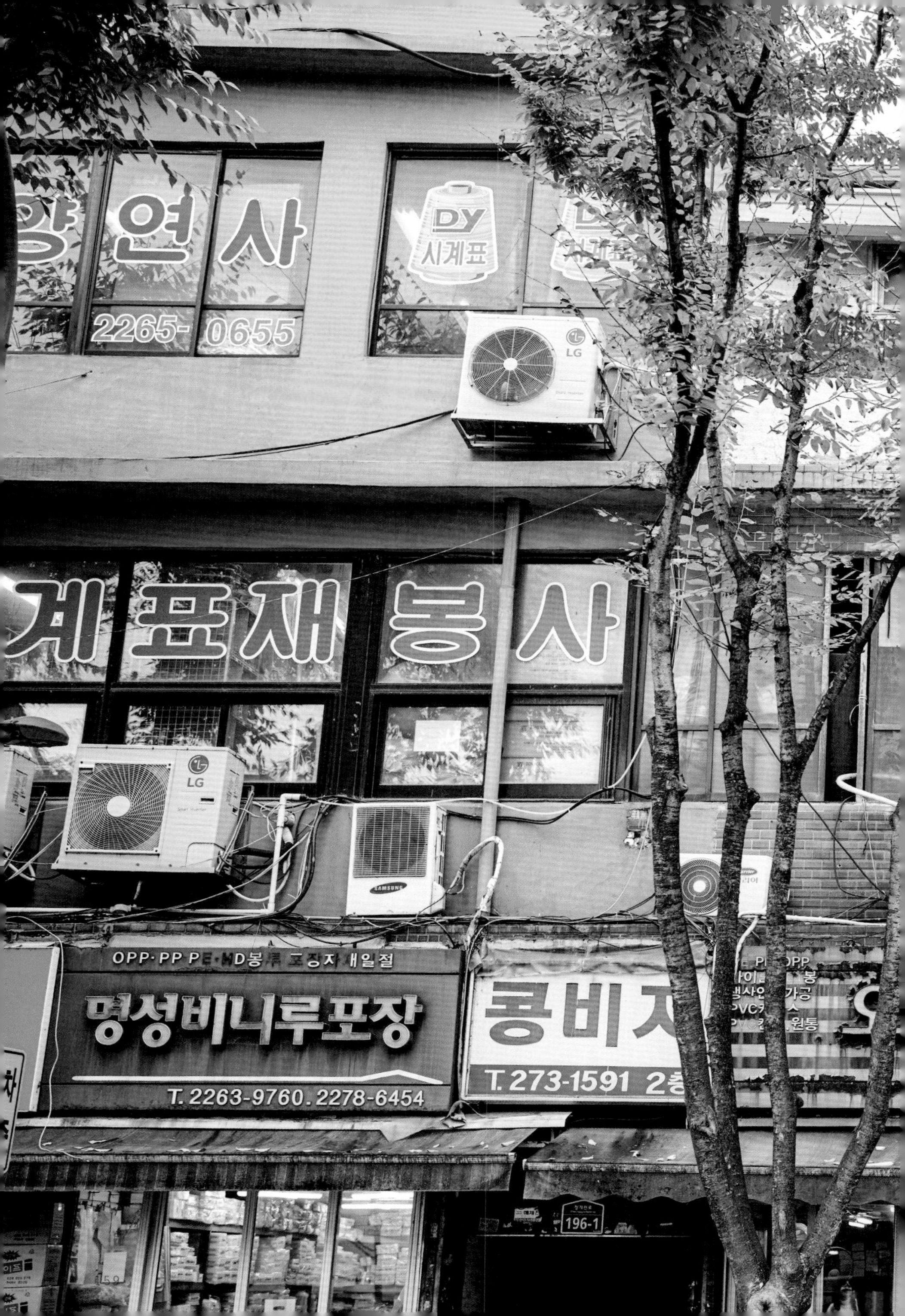
양연사
2265-0655
DY
시계표
계표재봉사
LG
SAMSUNG
OPP·PP PE·HD봉투 포장자재일절
명성비니루포장
T.2263-9760.2278-6454
T.273-1591
196-1

なかしましほ

料理家、からだにやさしい素材で作るお菓子工房「foodmood(フードムード)」店主。書籍、雑誌でのレシピ提案、ワークショップ、イベントのほか、映画、ドラマなどのフードコーディネートも手がけている。映画や音楽などのカルチャーをきっかけに韓国に興味を持つ。韓国在住の友人も多く、たびたび訪れてはおいしい店を探し求めている。
X:@nakashimarecipe
Instagram:@nakashimashiho519

なかしましほ
ソウルのおいしいごはんとおやつ

2024年4月26日　初版発行
2024年8月5日　3版発行

著　者　なかしましほ

発行者　山下直久
発　行　株式会社KADOKAWA
〒102-8177
東京都千代田区富士見2－13－3
電話　0570-002-301(ナビダイヤル)

印刷所　TOPPANクロレ株式会社
製本所　TOPPANクロレ株式会社



お問い合わせ
https://www.kadokawa.co.jp/(「お問い合わせ」へお進みください)
※内容によっては、お答えできない場合があります。
※サポートは日本国内のみとさせていただきます。
※Japanese text only

定価はカバーに表示してあります。


ISBN 978-4-04-897648-0　C0026